MW01479423

Francesco Sole

TI VOGLIO BENE

#poesie

MONDADORI

© 2017 Mondadori Libri S.p.A., Milano

I edizione maggio 2017
I edizione tascabile I Miti giugno 2018

ISBN 978-88-04-70451-5

Illustrazioni di Patrizia La Porta

INDICE

TI VOGLIO BENE

PREFAZIONE

La poesia (dal greco ποίησις, poiesis, con il significato di "creazione") è una forma d'arte che ha lo scopo di trasmettere concetti, emozioni e stati d'animo. È una delle più antiche forme narrative.

Questo libro parla di emozioni. Viviamo in una realtà che sottolinea ogni giorno le diversità, celebrando l'unicità delle nostre vite. A me piace pensare che non siamo poi così diversi. Da quando ho iniziato a scrivere poesie ho trovato il coraggio di esprimere ciò che provo, senza vergognarmi di condividere gli aspetti e le sensazioni più forti della mia vita. Proprio attraverso la condivisione ho imparato che siamo tutti contenitori di emozioni.

Ciò mi ha permesso di togliere quella maschera che troppo spesso la società ti obbliga a indossare. Abbiamo bisogno di amore, chiarezza, sincerità, felicità e gentilezza.

Ed è per questo che vi invito a fare lo stesso. Attraverso queste pagine le mie parole diventano vostre: potete aggiungere versi, decorarle, farne tesoro e poi condividerle con le persone a voi più care attraverso i social network usando #tivogliobene.

Vi basterà un click sull'hashtag per riconoscervi negli occhi di qualcun altro.

RESTO CON TE

Io do valore ai gesti.
A chi mi tiene per mano,
a chi quando mi guarda sorride.
Faccio caso a come qualcuno mi accarezza,
agli occhi che ha quando mi parla,
a quanto mi scrive,
a cosa e come mi scrive.
Noto queste piccole cose
perché sono quelle che mi fanno restare.

Mi fanno capire chi sono le persone
che devo custodire.
Mi fanno riconoscere la persona
a cui devo legare il mio cuore.
Legare il mio cuore al suo.

Do valore a chi accetta
ogni mia sfumatura,
a chi sopporta ogni mio difetto.

Do valore a chi crede nei miei sogni,
a chi mi stima per quello che sono.
Do valore a chi
quando mi bacia
va oltre le mie labbra.
A chi mi guarda quando ho lo sguardo perso.
A chi mi pensa anche quando non ci sono.

Se tutto questo succede,
mi dono interamente,
senza freni.
Mi butto nella sua anima e ci resto.

Do valore a chi con me pensa per due.
Do valore a chi condivide i suoi sogni
e le sue soddisfazioni.
Do valore a chi mi amava
anche quando ero invisibile.
Do valore a chi non va via
neppure quando gli urlo contro.
Do valore a chi resta,
a chi insiste,
a chi non molla
per le stupide differenze caratteriali.
Do valore a chi mi vede bello

anche quando piango.
Do valore a questa persona
e combatto per lei.
Combatto per la sua felicità.
Combatto per la felicità comune,
per il nostro insieme.
Combatto a ogni costo,
contro tutti,
anche contro il mio orgoglio.
Combatto anche i miei difetti.

Non farò mai come gli altri.
Non scapperò, non sparirò,
correrò sempre da te.
Resterò con te.
Promesso.

SEI LA MIA PERSONA

Stasera voglio dirti una cosa.

Voglio dirti una cosa che penso da tempo,
ma che non ti ho detto mai abbastanza,
o almeno mai abbastanza forte.
Certo, non sono una di quelle persone
che ti sorride al primo sguardo…
ma sono uno di quelli che quando ama
dà tutto, persino l'anima.

E voglio dirti che da un po' di tempo
ho capito di aver trovato la mia persona.
E parlo di una persona che è nei miei pensieri,
nei miei gesti, persino nei miei respiri.

Parlo di una persona
che se la guardi in silenzio

ti riempie di gioia il cuore.
Ma a volte ti fa anche paura,
perché è come guardarsi allo specchio.
Vedi il tuo riflesso
nei suoi occhi
e capisci che devi essere migliore,
ogni giorno.
Migliore per te, e migliore per lei.
Perché è la tua persona.
Parte del tuo passato,
vita del tuo presente
e scelta costante del tuo futuro.

Sì, stasera voglio dirti
che tu sei la mia persona.
Sei la mia persona, il mio amore.
E parlo di amore che cresce
senza che tu te ne accorga.
Parlo di amore per cui combatti,
amore di cui ti prendi cura.
Un amore
che se ti guardo la mattina
mentre dormi
mi fa venire voglia di urlare
"mio dio quanto è perfetta",

anche spettinata.
Un amore
che mi fa venire voglia di dirti
che sei bellissima
anche quando non ci credi.
Un amore
che quando sto male
riesce a farmi stare meglio
anche solo con un abbraccio.
Un amore
che mi fa venire voglia di sorridere
anche quando la vita piange.

Voglio dirti che per me la felicità
è quando non c'è tristezza
e la tristezza è quando non ci sei tu.
Voglio dirti che la mia canzone preferita
è la tua voce,
e il tramonto più bello
saranno sempre i tuoi occhi
che incrociano i miei.
Voglio dirti che sei la mia casa.
Parlo di qualcosa
che mi fa sentire protetto e sereno.
Parlo di qualcosa

senza la quale mi sentirei perso e incompleto.
Tornerò sempre da te.
Per stringerti tra le braccia
e restare dove la mia vita trova un senso.
Per vivere insieme tutti quei momenti
ai quali non voglio più rinunciare.
Quei momenti che se non li vivi
pensi di perdere qualcosa,
pensi di essere in ritardo
per la fretta di amare.
Per la fretta di tornare
dalla tua persona.
Quella che ne trovi
una su un milione.
Quella che incontri
proprio nel momento in cui credevi
che l'amore non sarebbe più arrivato.

ABBRACCIALA

La durata media di un abbraccio tra due persone è di tre secondi. Quando un abbraccio dura venti secondi, il corpo rilascia un ormone chiamato "ossitocina", che è un antidepressivo naturale.

A volte per rivoluzionare
la giornata di qualcuno
basta un abbraccio.
Con un abbraccio si possono far capire
a una persona tante cose
senza dover dire nulla.
Ci sono abbracci che ti entrano sotto la pelle,
fin dentro le ossa.
Ci sono abbracci
che mentre stai crollando a pezzi
sono in grado di ricomporti.
Ci sono abbracci
in cui sono nascoste

tutte le cose più belle che potresti dire:
"Sono qui", "Tutto passa", "Stai tranquilla".
Ci sono abbracci in cui la realtà,
in quell'istante,
fa meno paura.
È una specie di superpotere
e, volendo, lo abbiamo tutti.
Solo, dovremmo usarlo di più.

Abbraccialo, abbracciala.
Stringila forte, adesso.
Perché si sentirà protetta,
compresa.
Caldo o freddo che sia,
da soli o in mezzo alla gente,
falla sentire a casa tra le tue braccia.
Dalle la forza di cui ha bisogno.
Falle sentire che per te ne vale la pena.
Falle sentire che ci sei.
Abbracciala,
perché a volte ha bisogno solo di questo.
Perché a volte un abbraccio
vale più di una promessa,
più di mille parole o di mille messaggi.
Che sia tua sorella, il tuo migliore amico

o l'amore della tua vita.
Stringila forte,
perché non si dimentica mai
l'odore di un abbraccio.

Abbracciala anche quando litigate.
Falle sentire che l'amore
supera pure le incomprensioni.
Falle capire dentro quel gesto
che gli ostacoli servono ad amarsi più forte.
Abbracciala
quando si sente insicura,
quando è in preda al panico,
perché in quell'abbraccio puoi farle trovare
il coraggio che non sapeva di avere.
Abbracciala anche quando ti dice
di voler stare sola,
perché basta stringersi
per farle capire
che tutto si può risolvere.
Non esistono problemi troppo grossi,
solo motivazioni troppo piccole.
Abbracciala quei giorni
in cui affrontare la vita è un po' più difficile.
Perché in quell'abbraccio

può diventare tutto più sopportabile.
E soprattutto abbracciala quando piange.
Le persone che quando piangi
ti chiedono il motivo
dall'altra parte della stanza
non servono.
Abbiamo bisogno di quelle che si avvicinano
e ci abbracciano,
anche senza aprire bocca.
Abbracciala,
perché il mondo fa meno paura
se hai accanto qualcuno che ti stringe.

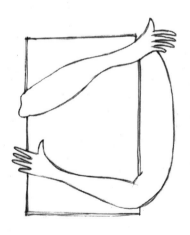

L'AMORE VERO ESISTE?

Qualche giorno fa mi hanno fatto una domanda:
"Secondo te, cosa fa chi ama?"
Chi ama non si arrende.
Chi ama affronta.
Chi ama non tace
ma si confida, si confronta.
Chi ama non lascia perdere,
ma cerca di comprendere.
Chi ama non si abbandona
ad altre braccia,
ma porta rispetto.
L'amore, quello vero, resiste:
è complicità e passione
forza
coraggio
e sostegno reciproco.

TI AMO

I tuoi occhi mi hanno fregato.
Sì, quel paio di occhi
in cui dentro vedo tutto.
Mi ci sono perso in quegli occhi.
Mi ci sono perso e non mi hanno ancora ritrovato.
Mi ci sono ubriacato.
Ubriacato d'amore.

Ora ti dico una cosa sottovoce,
anche se vorrei urlarla.
Ora ti dico che ti amo.
Semplicemente ti amo.
Nulla di più.
Tutto di meno.

Ti amo perché quando ho il morale sottoterra,
con un tuo semplice gesto

mi riporti all'ultimo piano.
Sull'attico della felicità.
E ti amo perché quel gesto
non devo neanche cercarlo,
arriva quando ne ho bisogno,
perché tu sai che ne ho bisogno.
In fondo amare è proprio capirsi,
senza doversi dare spiegazioni.

Ti amo perché quando mi sorridi
tutto quello che ci circonda
acquista bellezza e significato.
Tutti i problemi del mondo
li metto in silenzioso.
Perché mi rendo conto
di quanto sono fortunato
ad avere te.

Ti amo anche se ti alzi col piede sbagliato
e non ti va bene niente
per tutta la mattina.
Ti amo perché in quei giorni
ti prendo in braccio
e dentro di te torna il sorriso.
Anche se continui ad avere il broncio,

so che dentro di te cambia tutto.
Ti amo
per come sei,
per come sono da quando ho te,
e per come diventa il mondo
quando stiamo insieme.
Ti amo perché sento che tu mi ami.
Perché sei così pazza
da appoggiarmi sempre
nelle scelte che faccio.
Perché so che sarà bellissimo
quando saremo vecchi e ci terremo per mano.
Ti amo perché sei intelligente,
perché mi ascolti con il cuore.

Perché mi dai sempre un motivo per non piangere,
e anche se lo faccio
arrivi tu ad asciugarmi le lacrime.
Ti amo perché non ho mai incontrato nessuno
così affine a me.
Perché con te non esiste il sesso
senza amore.
Non esiste un tuo abbraccio
che non mi faccia tremare le gambe,
non esiste tuo bacio che non abbia sapore.

Ti amo perché il tuo amore mi salva.
Mi salvi quando fai di tutto
per vedermi sorridere,
anche a costo di farti trattare male.
Sei unica al mondo.
Sei la persona che voglio accanto per sempre.
Sei la sola persona nell'universo
che anche quando è lontana da me
rimane la più vicina.
Ti amo perché io ho te e tu hai me,
e insieme abbiamo tutto.

LA FELICITÀ:

TU.

MI DIMENTICO DI CANCELLARE LE TUE CONVERSAZIONI

Mi dimentico di puntare la sveglia.
Mi dimentico degli anniversari.
Mi dimentico di richiamare le chiamate perse.
Se mi ricordo di chi è il compleanno
è perché mi è arrivata la notifica su Facebook.
A volte mi dimentico persino quale chiave del
    mazzo apre casa.
A volte mi dimentico persino di comprare l'acqua
    quando finisce
o di prendere il caricatore del cellulare quando
    resto fuori casa per tutto il giorno.
Mi dimentico di controllare se ho chiuso la
    macchina quando parcheggio e arrivo tardi.
Mi dimentico di non bere vodka quando sono
    triste

e di non fidarmi troppo delle persone quando sono
   allegro.
Perché, si sa, la vodka prima o poi finisce
e le persone possono approfittarne.
Lo sai, è proprio questo che mi fa arrabbiare.
Perché mi dimentico tutto
ma non riesco a dimenticarmi di te?
Non riesco a dimenticarmi il tuo numero
quando mi ubriaco in discoteca
e torno a casa da solo.
Non riesco a dimenticarmi di aprire Instagram
per guardare se oggi in una foto che hai caricato
il filtro era più amaro del solito.
Non riesco a dimenticarmi il codice del tuo
   cellulare,
quello che sbloccava lo schermo
e apriva una galleria piena di nostre foto.
Piena di momenti che mi dimentico
continuamente di cancellare.
Forse è proprio questo il trucco
per andare avanti:
imparare a cancellare bene.
Se un amore finisce
dovremmo cancellare tutto subito,
come fanno le professoresse di storia

con la lavagna
quando finiscono la lezione.
Via i nomi, via le date
e il perché degli avvenimenti
e se qualcuno non ha finito di scrivere
peggio per lui,
la prossima volta andrà meglio.
La prossima volta magari starà più attento.
Quando un amore finisce
dovremmo cancellare tutto subito.
Quello che abbiamo provato,
le foto che ci siamo mandati,
i messaggi che ci siamo scritti.
Le note vocali,
i biglietti, i regali.
I viaggi che avevamo progettato di fare.
Forse è proprio questo il trucco,
dimenticarsi di ciò che abbiamo amato
e ricordarsi di quello che amiamo tutti i giorni.

Ma invece che provare a dimenticarmi tutto questo,
penso a te e ti scrivo messaggi
che non ti invierò mai.

MALINTESI D'AMORE

Continuo a domandarmi
quale senso possa avere il tuo dolore.

Sei sempre stata più forte di me.
A te bastava una parola per farmi male.
A te bastava un silenzio per farmi soffrire.
Ti bastava fare finta di non capire.
Fare finta di avere sempre un motivo
che non poteva essere compreso.
Una bugia nascosta da una dimenticanza.
Credevo di soffocare a volte.
Credevo che prima o poi sarei caduto
senza rialzarmi più.
Non ero arrabbiato.
Ero deluso.
Arrabbiarsi significa urlare,
sfogarsi per poi stare meglio.
Deludere è tutta un'altra cosa.
Quando si è delusi ci si logora dentro.

Urlano i pensieri.
Calma apparente e stomaco che brucia.
Ci credevo davvero.
Credevo che avresti potuto anche cambiare.
Credevo che le cose che ti raccontavi
prima o poi le avresti dimostrate.
Credevo che oltre quello che scrivevi su Facebook
ci fosse qualcosa.
Credevo che volessi amarmi,
non che ti piacesse parlare d'amore.
Credevo tante cose. Troppe.
E infatti ho sbagliato io.

L'amore non è credere in tante cose,
ma in una sola.

E in realtà non è nemmeno una cosa,
ma una persona.

AMARE

CHI LO FA DAVVERO
NON TI LASCIA
NEMMENO SE GLIELO
URLI ADDOSSO.

TI PENSO

In spagnolo "ti penso" si dice "pienso en ti", che letteralmente si tradurrebbe "penso in te". Come se ci si immergesse completamente in una persona, come se il nostro pensare partisse da qualcun altro. Influenzando inevitabilmente ogni nostra idea. Ogni nostro pensiero. La nostra vita.

Non faccio mai troppo caso
al momento esatto
in cui inizio a pensare a te ogni mattina.
È come se mi svegliassi
con il tuo pensiero già addosso,
senza averlo mai lasciato
durante tutta la notte.
Era lì mentre mi addormentavo
e resta lì fino al mattino seguente.

Ogni tanto c'è anche quell'attimo
prima di dormire
in cui immagino tutte le cose belle
che vorrei accadessero domani.
Ti penso anche in quelle.

Ti penso quando sento una bella canzone.
Che parla di vita,
di amicizia o d'amore.
Quando le ascolto in macchina
guardo il cielo fuori dal finestrino.
Mi viene voglia di ballare,
sorridere e urlare il tuo nome.
Ti penso
anche quando ascolto canzoni tristi.
La differenza è che fuori dal finestrino
quelle volte guardo la strada,
o se piove,
le gocce di pioggia
che scivolano sul vetro.
E mi viene da piangere,
da scappare.
Mi viene da chiudere gli occhi
e guardarti.
È strano ma alcune canzoni,

se chiudi gli occhi,
diventano persone.

Ti penso quando
cammino sotto la pioggia,
con le cuffie nelle orecchie.
A volte ti penso
quando sono in mezzo alla gente,
e mi perdo per qualche attimo.
Se me lo chiedono
dico che mi ero incantato a fissare qualcosa.
In realtà non guardavo niente,
stavo solo pensando a te.

Ti penso quando
sono nel letto da solo.
Penso che a volte dormire in due
è scomodo.
Ma dormire soli
con la voglia di stare insieme
lo è molto di più.

Ti penso quando
durante il giorno ti scrivo di fretta,
anche solo per sentire come stai,

o cosa stai facendo.
Ti penso anche quando so già che fai
e mi chiedo a cosa stai pensando.
Ti penso anche quando
non riesco a scriverti,
anche quando non ci vediamo.
Penso che in quei momenti
mi manchi,
e penso che se non ci sei,
io ci sono di meno.

Ti penso
quando piango,
e il più delle volte penso
che mi basterebbe un tuo abbraccio.
Le tue braccia
sono un posto in cui avrei voglia di vivere.
Penso che sentirsi protetti
nell'abbraccio della persona che si ama
possa aiutare a superare ogni difficoltà.

Ti penso perché quello che provo per te
non ha riserve.
Perché mi strappi un sorriso
nei momenti più bui.

Perché riesci ad amare
i miei difetti
più dei miei pregi.
Ti penso perché mi fai sentire
la persona più importante del mondo.
E riesci quasi a convincermi di esserlo.

Quando litighiamo
a volte penso il contrario
di quello che dico.
Per fortuna io lo so,
e tu lo sai.
E non vai mai via,
nemmeno se te lo chiedo.
Perché sai che è proprio in quei momenti
che ho più bisogno di te.

Ti penso
ed è un pensare
che è già un po' amare.
Perché in questo pensarti
mi preoccupo per te.
In questo pensarti
mi emoziono con te.
In questo pensarti

ogni mio pensiero
parte dal mio cuore
e arriva alla mia testa
passando dai tuoi occhi.

Ti penso spesso.
Ogni volta che respiro.

MI MANCHI

Ogni sera rileggiamo tutti una conversazione.
Ogni sera tutti riguardiamo delle foto,
pensiamo a qualcuno.
Qualcuno che ci manca.
Qualcuno che quando non c'è si sente.
E anche stanotte,
puntuale come sempre,
arriva l'ora in cui mi manchi.
Non posso fare altro che stringere le coperte,
abbracciare il cuscino
per sentirti vicino a me.
Mi chiedo come tu faccia
a essere così presente
nei miei pensieri,
anche quando sei lontana dalla mia vita.
Dicono che un amore lo riconosci
perché ti continua a bruciare dentro

anche quando non lo vivi.
Vorrei solo che non ti dimenticassi di me.
Mai.
Vorrei essere accanto a te
quando chiudi gli occhi,
nei tuoi pensieri,
presente in ogni istante del tuo tempo.
Vorrei non dover abbracciare il cuscino,
vorrei abbracciare te stanotte,
sentire il tuo respiro sul mio petto.
Vorrei tenerti la mano,
ancora una volta.
Mi manchi.
Mi manchi, perché quando non ci sei, si sente.
Mi manchi perché i giorni senza di te
sono solo giorni,
perché la vita pesa di più,
come pesano le ore
in cui non ti ho accanto.
Cerco il tuo volto tra la gente.
Mi mancano le tue labbra,
i tuoi baci, la tua presenza.
Detesto sfiorarti con i pensieri
e non poterti parlare,
accarezzarti il cuore

che batte lontano dal mio.
Odio annusare la mia pelle
e non sentirci il tuo odore sopra:
senza mi sento nudo
anche coi vestiti addosso.
Mi volto ancora
ogni volta che pronunciano il tuo nome.
Mi manchi, ogni giorno di più,
e vorrei che non mi mancassi
nemmeno per un minuto
e che nemmeno un minuto io mancassi a te,
perché solo quando siamo insieme
non ci manca nulla.

SEI LA MIA NOTIFICA PREFERITA #POESIAMUSICALE

Siamo sempre più connessi
e meno distanti
anche se a volte quando ceni
non guardi in faccia chi hai davanti.

Ti ritrovi solo
in mezzo alla gente
a pensare a chi non c'è,
a pensare se ti sente.

E mentre il mondo balla
io rimango fermo
aspettando un messaggio,
fissando lo schermo.

Perdendomi un po' troppo
in una tua vecchia foto
che mi fa stare bene,
anche se non te lo dico.

Mentre nella vita degli altri
non c'è mai uno sbaglio,
dicono "fidarsi è bene
ma screenshottare è meglio".

Sempre tutti pronti
a darti un nuovo consiglio
scrivendo cose a caso
che non centrano il bersaglio.

E dicono che guardo troppo il cellulare
ma io guardo te
e cosa vuoi che dica,
sei la mia notifica preferita.

E non è che certa gente è strana,
è solo che gli conviene
dire alle spalle di odiarsi,
e poi fare i selfie insieme.

Persone impegnate ma
contraddittorie,
ti dicono addio
poi le ritrovi nelle storie.

E mentre il mondo balla
io rimango fermo
aspettando un messaggio,
fissando lo schermo.

Perdendomi un po' troppo
in una tua vecchia foto
che mi fa stare bene
anche se non te lo dico.

E nella vita degli altri
non c'è mai uno sbaglio,
dicono "fidarsi è bene
ma screenshottare è meglio".

Sempre tutti pronti
a darti un nuovo consiglio
scrivendo massime a caso
che non centrano il bersaglio.

E dicono che guardo troppo il cellulare
ma io guardo te
e cosa vuoi che dica,
sei la mia notifica preferita.

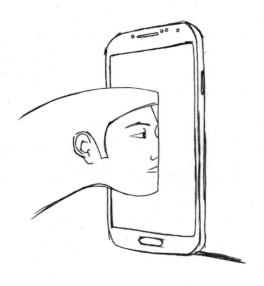

SAI COSA

SIGNIFICA AMARE?

Cosa significa amare?
Significa arrivare in quel momento della vita
in cui anche la tristezza si affronta con gioia.
Significa non arrendersi mai.
Preferire se necessario
la sua felicità alla tua.
Secondo me, amare significa
essere la medicina di qualcuno.
Passare le ore fra le braccia di quella persona
e sentirsi finalmente a casa nel mondo.
Amare è voler dedicare il tuo tempo,
non impegnare le tue pause.
È trovare qualcuno con cui guardare il mondo
attraverso quattro occhi.
Passerei ore a guardare i tuoi occhi
e a trovarci risposte
a domande che non ci siamo mai fatti.

Amare è sentire freddo anche d'inverno
e sentirsi asciutti anche ballando sotto la pioggia,
se chi amiamo è felice.
Amare è abbracciare qualcuno
e sentirsi una sola persona.
Invincibile.
Se ami, diventa più importante
amare che essere amato.

Secondo me amare non significa più di tanto.
Perché è chi ami che significa tutto.

FIDATI DI ME

In fondo le persone sono in cerca di questo,
essere prese per mano.
Avere qualcuno che gli prometta
che ci sarà sempre.
Nonostante tutto.
E per questo dobbiamo fidarci,
non c'è alternativa.
Per amare bisogna fidarsi
e per fidarsi ci vuole coraggio.

Fidati di me.
Fidati di me quando ti scrivo "mi manchi".
Perché lo faccio anche quando sono in mezzo a
    tante persone,
e non da solo nel letto alle due del mattino.
Fidati di me
perché ti dirò che per te farei di tutto,

ma solo dopo averlo fatto.
Fidati di me quando avrai paura.
Perché quando avrai paura io resterò
perché le paure in due si sconfiggono meglio.
Fidati di me
quando ti abbraccerò
e ti dirò che tutto passa.
E fidati perché è vero.
Tutto passa
e il mondo alla fine non cambia più di tanto.
Non se hai qualcuno accanto.
Fidati
perché il tempo guarirà le ferite,
e quelle che non riuscirà a guarire lui,
le guariremo noi.
Fidati
perché per quanto potrai piangere,
ti asciugherò sempre una lacrima in più.
E so che tu farai lo stesso.
Non avrò timore di piangere davanti a te.
Piangere davanti a qualcuno vuol dire fidarsi.
Appoggiati a me
quando sentirai la terra mancare sotto ai piedi.
E se il tuo mondo crollerà avrai il mio.
È questa la fiducia,

quella fiducia che è già amore.
Fidati di me
perché io di te mi fido
e in questo viaggio bastano due biglietti
di sola andata.
Fidati di me
perché sceglierei te mille volte.
Perché correrei da te
per baciarti tutta la notte,
o tutta la vita.

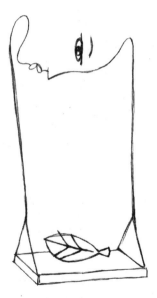

MERITI DI MEGLIO

Una persona non la si perde all'improvviso.
È un insieme di diverse cose.
Troppe delusioni,
troppe lacrime,
troppo dolore.
Quando queste cose si accumulano
per troppo tempo,
diventa troppo tardi per rimediare.
E così decidi
che quello non è più il posto per te.
Ti rendi conto
che forse meriti di meglio.

A volte ti capita di piangere per un motivo stupido,
inopportuno, sciocco.
E ti nascondi la verità.
Ti nascondi che in realtà stai piangendo

per mille altre volte
in cui non hai voluto farlo.
Mille altre volte
in cui hai messo gli altri davanti a te.
Sì, a volte hai messo delle persone
al primo posto della tua vita,
persone che non meritavano nemmeno
di stare in classifica.
Persone a cui avresti dovuto dare
la stessa importanza che loro davano a te.
E non piangerci sopra.
Le tue lacrime hanno un prezzo,
non devi sprecarle mai
per chi non le merita.

Quando le hai provate tutte
per dimostrare a una persona che ci tieni,
fermati.
Respira e non fare più nulla.
Liberatene.
Basta fare finta di non accorgerti di cosa succede.
Basta fare finta che accontentarsi
non ha un prezzo.
In un modo o nell'altro tutte le persone
che passano per la nostra vita

ci insegnano qualcosa.
Alcuni a non essere come loro.
Ammetti con te stesso
di aver semplicemente voluto bene
alle persone sbagliate.
E non credere di non essere all'altezza.
Meriti di guardarti allo specchio
e sorridere.
Non di volerti cambiare.
Sii orgoglioso di ciò che sei.

Sì, meriti di meglio.
I veri eroi sono quelli
che anche da soli
devono salvare se stessi.
Sono quelli che anche da soli
riescono ad alzarsi.
A rialzarsi.

LASCIALO PERDERE

Fai un bel respiro,
uno lungo,
magari due.
Ora lascialo perdere,
lasciala perdere,
lasciali perdere.

Quando una persona fugge da te,
lasciala perdere.
Se una persona ti fa pesare il fatto
di dedicarti il suo tempo,
se le devi sempre correre dietro,
lasciala perdere.
Se una persona condivide con te solo
lamentele, problemi, paure e giudizi sugli altri,
se cerca un cestino dove buttare i suoi rifiuti,
fa' sì che non sia il tuo cuore,

fa' sì che non sia la tua vita.
Se una persona deve giudicare ogni tua scelta,
o vorrebbe sempre fare le cose in maniera diversa
da come senti di farle tu,
lasciala perdere.
Se una persona ha sempre qualcosa di meglio da fare
o mille impegni a cui pensare,
lasciala perdere.
Se non trova il tempo di scriverti un messaggio,
non troverà mai la voglia di renderti felice.
Lasciala perdere.
Si dice "lasciare perdere qualcuno" perché,
anche se sei tu a rinunciare,
a perdere è lui.

Stringi forte chi ti dice "riproviamoci"
e non chi ti dice "ormai è troppo tardi".
Perché se ami davvero qualcuno
o se gli vuoi bene,
non è mai troppo tardi.
È sempre stato così:
chi ti ama resta, ritorna.
Chi ti ama c'è,
e c'è sempre.
Anche quando lo tratti male, c'è.

Fai un bel respiro lungo,
magari due.
Concentrati sul resto,
su ciò che ti fa stare bene.
Le cose che ti fanno stare male,
buttale via.
Prendi la calma e lascia andare tutto.
Non permettere a nessuno di non godere di ciò che hai.
Non permettere a nessuno di soffocare la tua felicità.

PROMEMORIA DI VITA
#1

SCEGLI SEMPRE CHI
PER LA TUA FELICITÀ
FAREBBE
L'IMPOSSIBILE.

L'AMORE NON CONOSCE DISTANZA

Basta amare, si supera tutto.
Il tempo, la pioggia e i chilometri.
Se ci si perde per la distanza,
ci si perde perché era più facile che amarsi.
Ci si perde perché la paura
di non vedersi accanto,
la paura di soffrire,
era più forte della voglia
di amarsi ancora.
Sì, ci si perde perché si ha paura.
Insieme o da soli.
In quei casi la cosa più triste
è vedere una persona lottare per due.
Vedere qualcuno che non vuole buttare tutto
continuare a lottare,
quando però c'è chi ha già scelto.
Certo, come dargli torto.

Mancarsi fa paura.
Fa bruciare lo stomaco.
Fa male.
Paura di non essere più una priorità
per l'altra persona,
paura di essere un peso,
paura di essere sostituiti.
Insomma si ha paura.
Ma se è amore vero la paura si supera.
Si supera la distanza,
l'incertezza,
la mancanza.
Si supera tutto, basta volerlo.
Non esiste una coppia perfetta,
ma esistono le coppie che non si vogliono
    arrendere.
Esistono le coppie dove l'amore supera l'orgoglio.
Dove dopo i litigi e le urla
ci si ama ancora di più.
Perché si ha bisogno l'uno dell'altra,
perché quell'amore vale più di tutto il resto.
Perché è vero amore.
Non si può scegliere di chi innamorarsi.
L'amore non si sceglie,
arriva e basta.

E non importa se è il periodo giusto
oppure no.
Se ha una personalità opposta alla tua,
se ha il doppio dei tuoi anni
oppure la metà.
Se è a due passi da te
o se vive dall'altra parte del mondo.
Non importa.
Se ci si ama davvero
si sentono le sue mani lo stesso,
anche quando non ti è accanto.
Se ci si ama davvero
il cuore rimane caldo,
anche quando si è lontani.

HO SCELTO TE

Siamo fatti così.
Ci sentiamo felici con poco,
diventiamo tristi con nulla.
Ci buttano giù cambiando il tono della voce,
ci tirano su con un semplice sorriso.
E comunque vada,
avremo sempre bisogno di una cosa,
una sola:
che le persone non se ne vadano dalla nostra vita.
Sì, abbiamo bisogno che lottino per noi.
Per starci accanto.
Per questo ho scelto te.
Con tutti i tuoi pregi
e anche con i tuoi difetti.
Ti ho scelto perché le persone migliori
sono quelle che ti cercano,
non quelle che devi rincorrere.
Perché hai il coraggio di restare

anche quando mi volto per andarmene.
Perché mi segui
sia nelle scelte giuste
che in quelle più stupide
che potrei prendere.
Ho scelto te
perché i tuoi abbracci parlano.
Mi dicono che tu ci sei.
Sempre.
Indipendentemente dal mondo.
Ho scelto te
perché il tuo sorriso è sempre sincero.
A costo di sembrare inopportuno.
A costo di fare figure del cavolo
o di imbarazzarmi come non mai.
E io vivo di questa tua sincerità.
Vivo di quelle parole
che mi sussurri all'orecchio
per farle solo nostre.
E di quelle urlate al vento
per farle sentire a tutti.
Perché non ti fermi
davanti a nessun muro.
O lo scavalchi
o ci scrivi sopra che noi eravamo lì.

Ti ho scelto perché fai attenzione ai dettagli.
Quelli che non vede nessuno.
Quelli che passano inosservati
ma che in realtà cambiano tutto.
Ti ho scelto perché mi ascolti.
Mi ascolteresti anche durante la finale dei mondiali
con la tua squadra che perde.
Mi ascolteresti anche durante un concerto o al cinema.
Ti togli le cuffie per ascoltarmi.
E non ascolti solo per rispondermi,
mi ascolti per capirmi.
Ascolti tutto,
anche i miei silenzi.
Ho scelto te perché ti darei tutto
anche quando non ho niente.
Perché amare significa anche questo.
Sacrificio e lacrime.
Con te ho imparato ad amare.
E amare vale tutte le lacrime del mondo.
Ho scelto te e ti sceglierei sempre.
Ti ho scelto quando le cose erano difficili,
anche quando non mi volevi parlare,
anche quando mi mancavi più dell'aria.
Anche quando sentivo la tua mancanza nelle ossa.
Ho scelto te perché mi fido.

E mi fiderò sempre.
Anche quando sbaglierai,
continuerò a scommettere su di te.
Ho scelto te.
Tra tutti ho sempre scelto te.
Anche contro la distanza,
anche nei giorni passati senza vederci o sentirci.
Anche contro le paure.
Il tempo passerà e noi andremo.
Non so dove, ma insieme.
Sì, fra sette miliardi di persone, io ho scelto te.
E non mi pentirò mai di averlo fatto.

IO CREDO NELL'AMORE

L'amore funziona
solo se ci credi.
Funziona solo
se non smetti mai di dire a te stesso
che ne vale la pena.
Funziona solo se trovi la forza di sorridere
anche davanti alle sofferenze.
Funziona solo se hai il coraggio
di non incolpare gli altri
per la tua tristezza.
Funziona solo se ami davvero
con tutto te stesso,
senza nessuna stupida scusa.
L'amore non ti fa perdere mai tempo,
te lo rende unico.
Le cose belle insegnano
ad amare la vita

e quelle brutte a saperla vivere.
E solo credendo nell'amore
riusciremo a condividerla con gli altri.
Solo trovando persone
che restino al nostro fianco
per ciò che siamo
senza bisogno di illuderci o illuderle.
È vero, sono difficili da trovare,
ne incontri una su un milione,
forse anche una su un miliardo.
E il più delle volte la incontri
quando eri impegnato
a guardare altrove,
ma lei arriva
e ti stordisce
come un pugno dritto allo stomaco.
E da quel momento tutto cambia.
L'amore comincia il suo processo.
E una persona che all'inizio neanche conoscevi,
o addirittura odiavi,
non si sa come
ha iniziato ad amarti,
e tu ad amare lei.
Funziona quando quella persona
prima dello sguardo

ti ha preso i sentimenti.
Io ci credo,
credo in quella persona a cui dai
prima di chiedere.
Credo in quella persona per cui hai pianto
cento volte,
e per cui piangeresti altre mille.
Credo in quella persona a cui gridi
che la prossima volta non gliela perdonerai,
ma a cui poi hai sempre perdonato tutto,
anche se a volte non lo meritava.
Credo in quella persona che riesce
con la sua mente
a entrare nella tua
per capire di cosa hai bisogno
cinque minuti prima
che te ne renda conto anche tu.
Credo in quella persona che per te
correrebbe sotto le tempeste
anche a notte fonda.
Credo in quella persona che riesci a vivere
24 ore su 24
365 giorni all'anno.
Vicini o lontani.
Di notte e di giorno.

Credo in quella persona che ti fa pensare
che l'amore esiste.
E credo nella forza che riesce a sprigionare.
Sì, io credo nell'amore…
E credo che chi ti ama non ti lascia
nemmeno se glielo implori.

NON AMARE
CHI NON TI AMA

Smettila di pensare che gli mancherai.
Non è così.
Smettila di pensare che tornerà
cambiando tutto.
Cambiando se stesso.
Non succederà.

Non pensa a te sorridendo.
I tuoi occhi li ha visti,
ma non li ha mai guardati sul serio.
Sì, ti scrive,
ma non gli interessi.
C'era quando aveva un momento,
non quando era *il* momento.
Non gli interessi.
Quindi basta illusioni.
Basta farti del male.

Smettila di pensare a chi non ti pensa.
Smettila di amare chi non ti ama.

E non ti convincere
che tu sia sempre troppo poco.
Non lo sei. Forse invece sei troppo.
Forse sai offrire ciò che tutti dicono a parole di
    volere
ma poi a fatti hanno paura di avere.
Forse sai offrire ciò che tutti dicono a parole di
    saper dare
ma poi a fatti non sono in grado di concedere.
Sei una persona
che sa davvero prendersi cura di chi ama,
anziché sbattergli in faccia il solito:
"tu meriti il meglio",
quando il meglio, poi, non è disposto a offrirlo.
Smettila di credere alle parole:
le parole più belle sono i fatti.

Smettila di dare terze e quarte occasioni.
Se non si prende cura di quello che ha,
non merita di averlo.
Smettila di costringere la tua felicità
a soffocare per la sua.

Se non vede gli sforzi che fai,
non ne vale la pena.
Devi essere felice.
Con o senza di lui.
Devi essere felice da fare schifo.

Impara a volerti bene.
Prenditi cura di te stessa e di chi ti vuole bene.
Di chi te lo dimostra.
E non importa da quanto tempo lo conosci.
Se per te dà tutto,
prendilo,
e impara a restituirglielo.
Devi imparare a trovare
chi ti stava cercando.

Non amare chi non ti ama.
Si deve mettere un punto.
Alla fine di una frase,
alla fine di una storia,
alla fine di un rapporto.
La chiamano punteggiatura,
ma è solo coraggio.

TIENITI STRETTO
CHI TI FA STARE BENE

Tieniti strette quelle persone
per le quali hai sorriso in passato.
Quelle grazie a cui le tue giornate nere
non sono state poi così nere.
Tieniti strette le persone
che ti hanno strappato una risata
anche nei momenti peggiori.
Quando tutto andava male
e avresti voluto solo sparire.
Quando ti sentivi sbagliato e insicuro
e il peso dei problemi
ti sembrava troppo grande da sopportare.
Tieniti strette le persone
con cui questi problemi li hai condivisi.
Quelle che hanno le spalle
abbastanza larghe per reggerti.
Quelle che non ti hanno mai

lasciato cadere
o ti hanno preso comunque la mano in tempo,
prima che toccassi il fondo.
Tienitele strette le persone così,
quelle per cui vale la pena
alzarti la mattina
e dirti che ce la farai a superare
anche questa giornata.
Che sarai forte,
che non ti farai spaventare
da nessuno.
Perché niente è impossibile.
Quelle persone per cui vale la pena vivere.
Assapora ogni momento
come se fosse l'ultimo.
Che sia un'ora,
due ore o cinque minuti
che trascorrete insieme.
Piangete, ridete,
fate entrambe le cose,
ma vivete fino in fondo.
Tienitele strette quelle persone
che ti hanno cambiato la vita.
E loro magari non lo sanno nemmeno,
ma tu continua a dirglielo

e a scriverlo ovunque.
Non smettere di crederci,
qualunque cosa accada in futuro.
In fondo lo sai
che loro ci saranno per te.

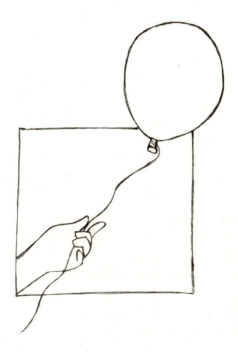

AMATI

Ci sono quelle sere
in cui prima di addormentarti
inizi a pensare.
Fissi il vuoto e ti chiedi
a chi veramente importa di te.
Cominci a riflettere, cercare.
Pensi a quello che fai tu per gli altri
e ti chiedi se qualcuno farebbe
altrettanto per te.
I minuti diventano ore
e arrivi alla conclusione
che troppe volte è stato un senso unico.
Ascoltare senza essere ascoltati,
dare senza ricevere.
Può capitare.
Capita quando ami la persona sbagliata.
Capita quando ami chi non ti ama.

Se qualcuno non ti cerca
è perché non ti vuole trovare.
Se si comporta come se non gliene fregasse niente,
è perché non gliene frega niente davvero.
Se ti tradisce è perché non gli piaci più.
Il mondo si divide in due:
quelli che ti vogliono
e quelli che non ti vogliono.
Tutto il resto è una scusa.
E l'amore non giustifica tutto.
Col tempo ci si stanca di incassare colpi
senza mai sentirsi chiedere scusa.
Ci si stanca di amare senza essere amati.

Quando dai il 99% di te stesso
e l'altra persona continua a guardare l'1%
che non sei riuscito a dare,
prima o poi finisce che vai via.
Anche allontanarsi è una risposta.
Quando finisce la pazienza
e inizia l'indifferenza,
non devi aver paura di allontanarti
o chiudere i rapporti con certe persone.
A volte non lo si fa per orgoglio,
ma per rispetto verso se stessi.

Nessuno ha il diritto di calpestarti.
Quando ritorni a essere una tua priorità
dopo esserti messa in secondo piano,
vedrai che magicamente cambierà tutto.
Amati. Impara a dire basta,
quando non ne potrai più.
Impara a dire sì
a chi ti ama senza scuse.
Amata, punto.
Scelta.
Senza paura di urlare al mondo
che sei la cosa migliore che gli potesse capitare.
Amati.
Tua è la vita e tua è la strada che hai deciso di
    prendere.
Non fermarti solo perché qualcuno ti dirà che
    sbagli.
Amati e ascolta il tuo cuore,
segui le tue sensazioni.
Le sensazioni a volte sono già mezze verità.
Amati,
perché gli altri hanno sempre di meglio da fare.
Prenditi cura di te.
Prenditi cura della tua felicità.

NON TENERTI TUTTO DENTRO

Quando stai male,
piangi. Sfogati.
Non tenerti tutto dentro,
salvati.
Le persone non si perdono.
E se le perdi le puoi chiamare,
cercare, inseguire.
E se non ti rispondono più
è perché decidono
di non esserci più.
Ne sono coscienti,
e allora non le hai perse tu:
sono loro che scelgono di perdere te.
E allora ti chiudi nella tua solitudine,
domandandoti che senso abbia il tuo dolore.
Ti tieni tutto dentro e diventi vulnerabile.
Basta una parola per ferirti.

A volte anche meno.
Addirittura una parola non detta,
un sospiro, uno sguardo
fisso nel vuoto.
Credi di essere arrabbiata,
ma non lo sei.
C'è differenza tra arrabbiarsi
ed essere delusi.
Quando si è arrabbiati si grida,
si litiga e si piange.
Così ci si riesce a sfogare e
a recuperare la calma.
Dopo ci si sente meglio e tutto passa.
Quando si è delusi invece si grida dentro.
Calmi in apparenza,
ma dentro ci si logora
e non passa nulla.
In quei casi l'unica persona su cui puoi fare
    affidamento
e da cui devi dipendere
devi essere tu.
Tutti hanno bisogno di sfogarsi.
Non puoi passare la vita a soffocarti
per chi non ti vuole.
Se sei delusa devi riuscire

a voltare pagina.
Il primo passo
è trovare qualcuno che ti ascolti
e buttare fuori tutto il tuo dolore.
Altrimenti arriverà un momento
in cui crollerai.
Non riuscirai più a tenere tutto dentro.
Inizierai a piangere,
le lacrime scorreranno veloci
sul tuo viso.
E vorrai buttarle fuori
anche per tutte le volte che non sei riuscita a farlo.
Per tutte le volte che le hai nascoste
facendo finta di niente.
Non perdere tempo
con ciò che ti dispiace o ferisce.
Non compiacere
chi non ti aggrada.
Non ascoltare
chi ti mente
né chi ti vuole manipolare.
Non lasciare che ti facciano sentire sbagliata
solo perché non sei giusta per loro.
E soprattutto non tenerti tutto dentro.
Se qualcosa non va, incazzati.

Chi ti ama davvero
per te c'è anche alle due di notte.
Anche quando qualcosa non va.
Anche quando hai bisogno di sfogarti.
Soprattutto quando hai bisogno di sfogarti.

MI PIACI

Ogni volta che squilla il mio cellulare,
spero sia tu.
Sei speciale
perché senza promettermelo mai,
ci sei sempre.
Qualunque cosa accada.
E essere accanto è un posto per pochi.
Sì, per me sei speciale,
e mi piaci.
Mi piaci perché mi fai stare bene,
anche nei momenti in cui non starei bene con nessuno.
Mi piaci perché sei coraggiosa e non incosciente,
perché ti assumi il rischio di pensare con la tua testa.
Mi piaci perché chi sa farti sorridere
anche quando tutto trema
ha il più bello dei poteri.
E tu ce l'hai.
Mi fai sorridere il cuore.
Sei speciale perché il modo in cui ascolti

mi fa venire voglia di parlare.
Perché in quel modo mi dedichi
completamente
tutta la tua attenzione.
Ogni volta.
E mi piace quando mi parli,
a prescindere da quello che mi vuoi dire.
Mi piace il semplice fatto
che tu voglia dirmi qualcosa.
E mi piaci anche quando ci metti un'ora
a rispondere a una semplice domanda.
Mi piaci ogni volta che prima di dormire
dici di pensarmi e mi dai la buonanotte.
Mi piaci perché mi sopporti.
Perché affronti i miei difetti
come se fossero semplici.
Perché cerchi di migliorarmi.
E lo fai sempre per il mio bene.
Mi piace il sapore delle tue labbra,
mi piace avere fame dei tuoi baci.
Mi piace impazzire per una tua carezza.
Mi piaci quando ci vediamo
e mi dici che non ce la facevi più senza di me.
Mi piaci perché con te non ho paura di aprirmi,
confrontarmi.

Mi piaci perché con te non ho paura di fidarmi.
Mi piaci perché riesci a colorarmi anche il buio.
Perché riesci a farmi ridere di tutto, anche di me,
senza mai perdere la spensieratezza,
senza mai perdere la felicità.
Mi piaci perché non mi sono mai sentito
appartenere a nessun posto,
ma tu mi fai sentire come se ci fosse un posto per me.
Mi piaci perché affronti la vita
con leggerezza
e non con superficialità.
Mi piaci perché sei sempre vera
senza paura di risultare goffa,
distaccata, timida.
Mi piaci perché sei una bella persona.
Bella dentro.
Mi piaci perché basta la tua allegria
a riempirmi dentro.
Mi aiuta a respirare.
Mi piaci perché mi abbracci sempre
come se fosse il giorno più freddo di tutto l'inverno.
E quando lo fai sento i nostri cuori
battere così vicini
che non capisco più qual è il mio e quale il tuo.
Mi piace come ti brillano gli occhi

quando parli di me.
Mi piace anche quando mi manchi.
E vorrei dirlo a chiunque mi parli di te.
Mi piace quando le nostre mani si intrecciano.
Mi sento il coraggio bruciare dentro.
Mi piaci perché sei l'unica persona con cui ho
    voglia
di parlare anche quando ho il viso pieno di lacrime.
A volte mi chiedo cosa pensi quando mi guardi.

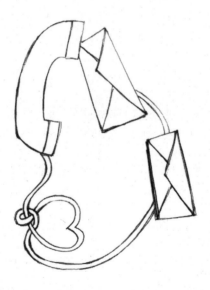

UN BUONGIORNO
PER TUTTI

Buongiorno. E poi magari
sarà un'altra giornataccia,
ma in questo momento ci tengo a dare
il buongiorno.
Voglio dare il buongiorno
a chi si è svegliato presto,
anche se non ne aveva voglia.
E buongiorno invece
a chi ha provato a puntare la sveglia
ma alla fine fanculo, ha preferito dormire.
Buongiorno a chi ieri sera è andato a letto presto
e stamattina si è svegliato riposato.
Buongiorno a chi non ha dormito un cazzo
perché magari il figlio dei vicini piangeva
o perché ha mangiato troppo o male
o ha fatto festa.
O magari ha fatto sesso, o l'amore.

Insomma buongiorno.
Buongiorno a chi oggi avrà un sacco di cose da
    fare.
A chi dovrà studiare, lavorare,
a chi avrà una difficile prova da affrontare.
A tutti voi, buongiorno e in bocca al lupo.
Buongiorno anche a chi oggi
non avrà un cazzo da fare:
vabbè, nel caso vi auguro di godervi la giornata.
Buongiorno anche a chi questa mattina
si è svegliato col sorriso.
Buongiorno anche a chi
non si è ancora lavato i denti
e a chi invece dovrà tenere un sorriso falso
per tutta la giornata.
Buongiorno a tutti quelli
a cui ieri sera mancava una persona
e alla fine gli mancherà anche stamattina,
e gli mancherà anche oggi pomeriggio
e per tutta la sera.
Buongiorno.
Buongiorno a chi mangia troppo
e a chi non fa colazione.
Buongiorno a chi beve il caffè,
il latte o il cappuccino.

Buongiorno a chi fa finta di non capire:
be', contenti voi!
Buongiorno a quelli che hanno un problema
e troveranno la forza di risolverlo da soli.
Sì, siete davvero forti!
E a tutti quelli che quando hanno un problema
lo scaricano sugli altri:
be', fanculo, avete rotto le palle.
Ma buongiorno anche a voi.
Buongiorno a chi si è svegliato da solo,
a chi con un cane e a chi con qualcuno al fianco.
Buongiorno.
Buongiorno a chi va al mare, in montagna
e a chi esce in bici, in macchina o a piedi.
Buongiorno anche a te
che il messaggio del buongiorno
non te l'ha dato nessuno.
Buongiorno a chi avrà una splendida giornata
e buongiorno a chi dovrà aspettare domani.
Ma soprattutto buongiorno
a quelle persone che sperano
in un buon giorno per davvero.

FAI QUALCOSA

Ogni giorno, quando ti svegli,
fai qualcosa.
Ma non del tipo fare una colazione del cazzo
oppure scrivere vaffanculo sul muro.
Cerca di trovare qualcosa che ti migliori la giornata,
o che addirittura migliori te.
Basta una piccola cosa,
ma che ti renda felice.
Mi spiego meglio.
Devi cercare di fare una di quelle piccole cose
che se ci ripensi ti mettono il sorriso.
Se ti manca il tuo ex, scrivigli.
Non avere paura di fare una figura di merda.
E se succede, al massimo avrai qualcosa da raccontare
alla tua migliore amica
e ci riderete sopra come deficienti.
Non avere paura di mancargli, a lui o a lei.

Insomma, siamo in sette miliardi.
Sette miliardi, cazzo.
Vuoi davvero credere
che non ci sarà almeno una persona
a cui potrai mancare?
Se vuoi diventare più forte,
più bravo, più preparato,
più acculturato,
allenati, studia.
Se non ti piace studiare, non farlo,
ma poi non lamentarti di chi studia e ottiene risultati.
Non criticare chi si allena
perché vuole vincere.
Criticare non rientra nel fare qualcosa,
rientra nel rompere le palle,
e chi rompe le palle non ha mai vinto un cazzo,
anzi ha già perso in partenza.
Quando stai per iniziare qualcosa
non vedere tutta la scala,
inizia facendo il primo passo.
Fai qualcosa che ti faccia voler bene.
Fai qualcosa che ti faccia stare bene.
Se ti piace la Nutella,
mangiane quanta ne vuoi.
Se ti piaci grasso non ti pesare,

ma non rompere le palle a chi è a dieta.
E se invece vuoi dimagrire,
be', mangia meno
e compra una bilancia.
Fai qualcosa.
Trova una persona che ti chieda spesso come stai.
A voce o per SMS.
Trovala perché in alcuni momenti
quella persona ti farà stare meglio.
E quando te lo chiede
rispondile subito.
Perché altrimenti smetterà di chiedertelo
e farà bene.
Fai qualcosa.
Qualcosa che ti faccia ammirare dagli altri.
E non aver paura di non piacere.
Tanto te lo dico subito:
non si può piacere a tutti.
Non aver paura, ma non criticare qualcuno
se piace di più di te.
Cerca piuttosto di imparare da lui.
L'invidia e l'odio li comprano
quelli che non sanno fare un cazzo
e hanno bisogno di dire agli altri
le cose che non hanno il coraggio di dire a se stessi

perché hanno preferito comprare l'invidia
anziché lo specchio.
Se hai qualcosa da dire, dilla.
Con un SMS. Con una canzone.
Con un libro. Con un video.
Con un post-it.
Sii te stesso, gli altri devono prenderti per come sei.
Devi essere te stesso. Ma il te stesso migliore.
Insomma, la mattina quando ti svegli fai qualcosa.
Anzi, prima pensa, tanto è gratis.
E dopo che hai pensato,
fai qualcosa.

QUANDO UNA DONNA

È STANCA

Si chiama stanchezza il motivo per cui
non si rincorre più nessuno.
Vuoi rimanere?
Rimani.
Vuoi andare via?
Vai.
Accade quando corri sempre tu per prima
per poi scoprire che non è servito a niente.
E a quel punto basta correre,
hai solo voglia di stare da sola.
Dicono che se una donna si allontana
è perché ha un altro.
No.
Una donna che si allontana
non per forza ha un altro;
a volte semplicemente è stanca
di vivere a metà.

Esatto, vivere a metà.
Sopravvivere,
vuota di sentimenti
e piena di tensioni.
Una donna non è stanca
quando si è innervosita o si arrabbia.
Una donna è stanca quando è delusa
e resta in silenzio.
Quando i suoi sacrifici diventano inutili,
scontati, invisibili.
Ed è proprio quando le manca la serenità
che una donna preferisce restare da sola.
In fondo le assenze sono risposte
chiare e precise
per chi le vuole ascoltare.

NON ACCONTENTARTI

Non darti al primo che passa.
Non preferire le cose troppo facili.
Alla fine durano sempre poco.
E non aver paura di quelle difficili:
le cose difficili sono una sfida.
E l'amore non è per tutti.
Tu non sei per tutti.
Non accontentarti di belle parole.
Serve presenza e costanza.
Ricorda che per fare felice una persona
non serve riempirla di regali,
né di continue promesse.
Bisogna semplicemente farla sentire importante.
Tutti i giorni.

Lascia perdere chi ti ha tradito,
ma senza vergognarti di avergli dato fiducia.

Dovrebbe vergognarsi chi ti ha sfruttato.
Lascia perdere chi parla alle tue spalle,
il suo posto è proprio lì, dietro di te.
Lascia perdere chi non è sincero con te.
Non fartene un problema,
non cercare di capire cosa pensa.
Non si può mai capire cosa pensa qualcuno di te.
Ma si può capire tanto da come si comporta.
Da come ti tratta.

Credi in te,
ma senza metterti mai al di sopra degli altri.
L'intelligenza è
mettere sempre in discussione se stessi,
non mettere in discussione gli altri.
Quella è solo paura. Stupidità.
Se ti sei accontentata delle persone sbagliate,
purtroppo è solo colpa tua.
E sei tu che devi correggere i tuoi errori.
Sei tu che devi imparare
a dare alle persone la stessa importanza
che loro danno a te.

Le difficoltà non arrivano
se ti fanno perdere la pazienza,

ma se ti fanno perdere la voglia.
Si deve avere voglia di qualcuno,
non bisogno.

Non accontentarti
di quelli che giocano a perderti:
lasciali vincere.

Non rinunciare alla speranza
né alla gentilezza.
Non lasciarti schiacciare dal passato
né da quello che non hai.
Abbi cura del tuo cuore.
Non buttarlo, non sprecarlo.
E quando tornerai ad amare,
goditi ogni attimo.
Senza rinunciare a qualcosa di bello
solo perché potrebbe farti soffrire.

NON AVER PAURA

Chiudi gli occhi e non aver paura.
(Dovrebbero dircelo più spesso.)

Tutti hanno bisogno di qualcuno.
Tutti vogliono qualcosa.
Ma sono in pochi quelli che lottano
fino in fondo
per averla.
In genere ci inventiamo scuse,
ci raccontiamo che possiamo fare senza.
Anche se dentro sappiamo che non è così.
E iniziamo a costruirci il nostro mondo a metà.
Fatto di "vorrei ma non posso"...
Fatto di "non era poi così importante",
"non era destino".
Sono in pochi quelli che ammettono
che quel qualcosa è essenziale.

Se vuoi qualcosa,
vai a prendertela.
Perché quando fai una scelta
devi portarla avanti fino alla fine.
Senza paura,
senza ripensamenti.
Certo, quello che hai dentro,
quello che hai nella testa
non lo possono capire tutti.
E anche se a volte essere capiti diventa una
    esigenza,
anche se a volte diventa un bisogno,
tu non farlo diventare un problema.
Non farlo diventare una paura.

Non aver paura di buttarti.
Non aver paura di cambiare.
E non per gli altri,
non per il mondo,
ma per te stesso.
E se cambiando qualcuno si allontanerà da te,
allora capirai che non ti ama davvero.
Capirai che non ti vuole abbastanza bene.
Che per quella persona tu vali
meno di un cambiamento.

E non rimanerci troppo male.
Ricordati che nella vita
è meglio stare soli
che con persone false intorno.

Non aver paura di emozionarti,
non vergognarti mai di essere dolce,
gentile.
Se vuoi amare fallo,
ma vai fino in fondo,
altrimenti non iniziare nemmeno.
Non aver paura di lottare.
Quando ami qualcuno
devi amarlo sempre,
costi quel che costi.
Non aver paura di sacrificarti
per amore.
Non aver paura delle delusioni.
Non aver paura dei fallimenti.
Tutti i momenti difficili si possono superare.
Tu continua a crederci.
Perché alla fine tutto si divide
in due categorie di persone:
quelle che ti amano
e quelle che dicono di amarti.

E per quanto sia bello parlare o promettere,
quelli che ti amano,
senza chiedertelo,
ti vengono a prendere.

VOLTA PAGINA

Respira con calma.
La verità è giusta
ed è sbagliato offendersi quando ci viene mostrata.
Dobbiamo coglierla.
Comprenderla.
Respira con calma.
Non farti soffocare dall'ansia.
Non ascoltare le tue paure.
Le paure sono sempre pessime consigliere.
Ci bloccano e ci affondano
in sofferenze inutili,
già passate o non ancora arrivate.
Respira con calma.
Se una persona non ti vuole più nella sua vita,
tu non sei costretto per forza a tenerla nel cuore.
Volta pagina.

Se qualcuno non ti vuole capire,
comprendere, amare,
non perdere il tuo tempo a giustificarlo,
ad aspettare.
Volta pagina.
Chi ti vuole conoscere
non ti fraintende mai.
E chi vuole amarti non aspetta.
Volta pagina e goditi te stesso.
Goditi la vita.
Puoi essere felice
anche senza di lui o senza di lei.
Devi solo trovare il coraggio
di non ascoltare le tue abitudini.
Devi trovare la forza
di ascoltare la tua felicità.
È così che si va avanti.
Un giorno alla volta,
un dolore alla volta,
una pagina alla volta.
Respira con calma.
Non scrivere "addio"
per restare poi seduto a fissare lo schermo
sperando che ti chieda di restare.
Trova la forza di dire "addio"

e subito dopo voltare pagina.
Le persone si accorgono sempre troppo tardi
di quello che hanno perso.
Se ne accorgono quando ormai
non si può più tornare indietro.

Volta pagina.
Non aver paura di rimanere solo.
Non lo sei. Non lo sarai mai.

Volta pagina alle false amicizie.
A chi ti ha abbandonato,
a chi ti parla male alle spalle.
A chi ti ha rubato il cuore
per ridurlo in mille pezzi.
Volta pagina
a chi ti cerca solo nel momento del bisogno.
La vita è fatta di scelte.
E siamo noi a scegliere
se davanti a un dolore
vogliamo immergerci nella sofferenza
oppure trovare la forza di voltare pagina.
Ed essere felici.
Di nuovo.
Ancora una volta.

PROMEMORIA DI VITA
#2

RICORDATI DI DARE
ALLE PERSONE
LA STESSA IMPORTANZA
CHE LORO DANNO A TE.

INNAMORATI DI TE

Tu che mi stai ascoltando,
facciamo una promessa.
Qui, ora, prima di dormire.
Facciamo una promessa,
a noi stessi:
non buttiamoci via.
Non sentiamoci un peso per le altre persone.
Non diamoci a chi non ci merita.
Non soffriamo più per qualcuno
a cui di noi non importa nulla.
Facciamoci questa promessa.
Tu che la mattina ti alzi con l'ansia
per l'interrogazione o per il lavoro.
Tu che ti alzi con l'ansia
di affrontare i compagni di scuola,
dell'università o i colleghi di ufficio.
Tu che cammini a testa bassa

e che eviti lo specchio.
Tu che "buongiorno un cazzo".
Tu che non hai il coraggio di dirgli
che ti piace,
o tu che non hai il coraggio di dirgli
che non lo ami più.
Tu che ti mangi le unghie,
che ti mordi le labbra,
che giochi coi capelli.

Tu che sei bellissima,
ma non ci credi mai
quando te lo dicono.
Anzi, ti vergogni,
come se fosse una presa per il culo.

Facciamo questa promessa.

Amati,
sei fantastica così come sei.
Ama i tuoi difetti.
Ridici sopra.
Impara a vivere
senza preoccuparti
di cosa accadrà domani,

o tra un mese, o un anno,
o dieci anni.
Non devi avere paura della vita,
non devi avere terrore del mondo.
Cammina a testa alta,
guarda in faccia il sole
e sorridi.
Smettila di piangere,
di dare la colpa agli altri
e non a te stessa di essere triste: basta!
Facciamo questa promessa.
Qui, ora, insieme.
Forza. Domani è un altro giorno.
Amati. Seriamente.
Basta trovare ragioni per cui non sei abbastanza.
Lo sei. A me piaci.
Il mondo è pieno di persone a cui piaci così.
Non importa se pesi 40 chili o 180.
Non importa il colore della tua pelle,
né la gobba sul tuo naso,
i brufoli o il colore dei tuoi capelli.
Accettati, così come sei.

Non avere paura
di metterti davanti a uno specchio e dire

"Sì, oggi sono proprio BELLA",
non avere paura!

La critica più importante sarà sempre la tua.
Ogni giorno della tua vita
può essere migliorato,
tu puoi cambiare.
Ma per amarti non devi perdere peso,
devi perdere le insicurezze.
Certo, magari ci sono cose che non dipendono da te.
Lo so che ci sono genitori di merda,
ci sono le malattie,
c'è il bullismo,
e ci sei tu
che non ce la fai più,
ma fidati, il mondo non è mai così brutto
come pensi.
C'è sempre quell'angolo di felicità
che ci permette di sperare ancora
in un futuro diverso,
migliore.

Sbarazzati di tutto ciò che non ti fa bene.
Situazioni, gusti, persone e cose.
Non devi essere nulla di più.

Devi semplicemente piacerti.
Innamorati di te. È quello il segreto.
E ti sentirai sempre nel posto giusto,
al momento giusto.

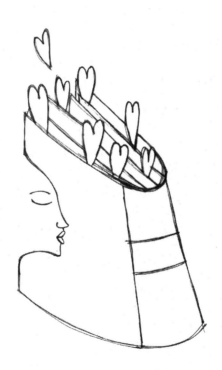

PER ME ESISTI

SOLO TU
HAI SBATTUTO CONTRO
I MIEI ANGOLI
NASCOSTI.
SOLO TU CONOSCI IL
VERO ME.
SOLO TU L'HAI AMATO.
SOLO TU.

DEPRESSIONE D'AMORE

Non so se per te sono abbastanza.
Forse non lo sarò mai.
Ho paura di questo,
vorrei averne la certezza.
Vorrei avere la certezza
che per te sono e sarò sempre
qualcosa di perfetto.
Perfetto per te.

NONOSTANTE TUTTO

Ok, oggi mi sono alzato
con la voglia di dire qualcosa.
E premetto che non sono sicuro
che tutti potranno capirmi.
Nel caso, significa che questa poesia non è per voi.

Questa poesia è per tutti quelli che non riescono mai
a smettere di sognare a occhi aperti.
Che sia giorno o che sia notte.
E sono quelli che sognano davvero tanto
e dormono davvero poco.
Questa poesia è per quelli che non si accontentano
facilmente, e per chi
non esiste un "poteva andare peggio"
ma solo un "finalmente ce l'ho fatta".
Anzi, ce l'abbiamo fatta.
Insomma, questa poesia è per tutti quelli che

come me non sono speciali
ma sicuramente hanno un sogno.
E nonostante le critiche che potranno ricevere
non smetteranno mai di cercare di realizzarlo.
Si dice spesso che uno dei consigli più utili
per chi cerca di realizzare qualcosa
sia andare sempre avanti
e non ascoltare mai le critiche.
Be' sinceramente penso sia un po' una cazzata.
Io sono per l'ascoltare un po' tutti
e dare la possibilità a tutti di parlarti, insultarti,
dire che non sei capace
e a ogni fanculo
cercare sempre di rispondere grazie.
Della serie "trattare meglio di come ti trattano".
E se loro parlano di odio,
nonostante tutto tu parla di coraggio.
E se loro non ti ascoltano,
nonostante tutto tu cerca di ascoltare loro.
E se si uniscono per insultarti,
tu compatiscili.
E se si uniscono per darti del venduto,
be', tu offrigli la cena.
Perché l'unico modo per migliorare gli altri
è migliorare se stessi.

Sapendo ovviamente
che se qualcuno vuole salire sulle nostre spalle
per dichiararsi alto
ha tutto il diritto di farlo.
Ma sarà costretto a ricordarsi
che dovrà andare
dove noi decideremo di andare.
Passando la vita a criticare una strada che noi,
passo dopo passo, avremo percorso
e loro avranno semplicemente guardato.

SORRIDI

In psicologia la resilienza indica la capacità di affrontare in maniera positiva eventi traumatici. La capacità di riorganizzare positivamente la propria vita. Ricostruire se stessi restando sensibili.

Le persone resilienti sono quelle che,
pur immerse in circostanze avverse,
riescono,
contro ogni previsione,
a fronteggiare gli ostacoli.
Una volta mia sorella mi ha detto:
"Hai presente quando la sabbia scotta,
ma tu te ne freghi perché tanto sai
che stai correndo verso il mare?
Ecco, bisognerebbe vivere così."
Aveva ragione, ha ragione.
Certo, a volte si fa fatica.

A volte ti senti soffocato da tutto…
A volte ti sembra di non poter essere salvato
da nessuno, nemmeno da te stesso.
A volte la parola "speranza"
ti sembra inutile.
Ci sono giorni in cui le persone ti giudicano
senza conoscerti.
Giorni in cui lo specchio urla
che fai schifo e non sei abbastanza.
Giorni in cui ti trovi faccia a faccia
con dolori che non sai come affrontare.
Dolori che pensi ti distruggeranno la vita.
Ma tu non piangere, non oggi.
Domani andrà meglio.
Trattieni le lacrime.
Nessuno merita le tue lacrime.
Nessuno.
Né lo specchio
né chi ti abbandona
né la vita.
Imparerai a fregartene.
A respirare senza paura.
A essere felice senza tremare.
Senza il timore
che tutto possa finire

da un momento all'altro.
Trova il coraggio di sorridere.
Anche quando pensi di non farcela.
Sorridi perché tanto ce la fai.
Sorridi perché se lo fai
nessuno si accorgerà dei tuoi demoni.
E perderanno importanza.
Ti faranno sempre meno paura.
Sorridi:
magari nessuno penserà che tu sia felice,
ma tutti sapranno che sei forte.
Che sai resistere.
Sorridi
e lascia che questo tuo sorriso
ti cambi l'umore,
non che il tuo umore cambi il tuo sorriso.
Non perdere tempo a soffrire,
a piangerti addosso.
Un sorriso può salvarti la vita.
E potrebbe essere il motivo
del sorriso di qualcun altro.
Fidati delle tue capacità.
Abbi cura del tuo coraggio.
In fondo la vita è questo:
affondare per ore e riemergere in un minuto.

Precipitare nove volte e rialzarsi dieci.
Soffrire tanto e sorridere il doppio.
Dillo a te stesso, ogni giorno.
Dio benedica chi non perde mai
il coraggio di sorridere alla vita.
Dio benedica quelle persone
che quando incroci il loro sguardo per sbaglio
sorridono.

POESIA SULL'AMICIZIA

Per amicizia si intende "un legame sociale, accompagnato da un sentimento di affetto vivo e reciproco tra due persone. In quasi tutte le culture del mondo, l'amicizia è percepita come un'intesa alla pari, basata su rispetto, sincerità, fiducia e disponibilità reciproca".

Ecco cos'è l'amicizia.
Un legame che per esistere
non può sciogliersi.
Un amico è una persona
per cui si farebbe di tutto.
Anche contro i propri interessi.
Un amico è una persona
per cui faresti qualsiasi cosa.
Una persona di cui conosci qualsiasi cosa.
Sì, perché l'amicizia è questo:

entrare dentro la mente di una persona
e darle le chiavi della tua.
Qualsiasi cosa accada
sai già come reagirà.
E anche quando non è con te,
sai come avrebbe reagito.

Un amico è qualcuno che ti abbraccia così forte
che sembra voglia distruggerti.
Ma in quell'abbraccio,
invece di distruggerti, ti ripara.
Qualcuno che ha la forza
di raddoppiarti le gioie
e dividerti le ansie.
Qualcuno che ti dà il coraggio
e ti toglie le paure.
Qualcuno con cui puoi stare in silenzio
e comunque dire tutto.

Un amico è qualcuno che fa smettere di piovere
durante le tempeste più forti della tua vita.
L'unico che trova la voglia di venirti a prendere
anche se cerchi di scappare da tutto.
Persino da lui.
Persino da te stesso.

Qualcuno che ti porta la felicità
quando non riesci più nemmeno a cercarla.

Un amico è qualcuno che ti pensa
anche quando non siete insieme.
Qualcuno che non ti abbandona mai.
Nemmeno quando lo ferisci.
Qualcuno che pur conoscendo ogni angolo di te,
si preoccupa di far uscire il tuo lato migliore.
Qualcuno che per la tua felicità,
anche solo per un tuo sorriso,
farebbe di tutto,
persino l'impossibile.

TI VOGLIO BENE

Io ho un debole per gli eroi.
Non quelli con i superpoteri.
Parlo di quegli eroi
che ti chiedono come stai
e ascoltano davvero la risposta.
Quegli eroi che ti aiutano
a rialzarti,
mentre le altre persone
neanche sapevano che eri caduto.
Quegli eroi che una volta entrati nella tua vita
rimangono.
Quegli eroi di nome "Amici".

Sarò un pazzo,
ma io credo nell'amicizia.
E non quella da social network.
Non quella che ti fa aggiungere
qualcuno agli amici senza conoscerlo.

Non quella che hai
con chi saluti per strada di sfuggita.
Non quella di chi ha tanti amici.
No, io credo nell'amicizia vera.
Quella che ti fa alzare le maniche
e lottare.
Quella che ti fa prendere cura
di una persona a cui tieni.
Quella che dà il coraggio di esserci,
in ogni situazione,
nonostante le difficoltà.

Ecco: queste parole sono per te
amico mio.
Sappi che ti voglio bene.

Ti voglio bene, con tutto me stesso,
dal profondo dell'anima.
Ti voglio bene
perché quando sono con te
mi sento invincibile.
Perché mi fai sentire forte
nonostante le mie insicurezze.
Ti voglio bene
perché non mi fai mai sentire solo

nemmeno quando non rimane nessuno.
Perché non mi abbandoni,
nemmeno quando sbaglio,
nemmeno quando ti tratto male.
Perché mi aiuti
anche quando sai che faccio una cazzata.
Perché mi riporti a casa
le notti in cui non troverei nemmeno la strada.
Perché mi sostieni
anche quando non ho un euro in tasca.
Perché mi consoli quando piango,
quando le lacrime fanno a gara sul mio viso.
Perché è così bello guardarsi e ridere,
senza aver detto niente
perché ci siamo già capiti.
Perché mi dici le cose in faccia
e mi difendi alle spalle.
Ti voglio bene perché ti fidi di me.
Ti voglio bene perché lotti per me.
Ti voglio bene perché con te ho fatto di tutto,
e faremo di tutto.
Divertendoci
e fregandocene sempre
di chi ci giudica senza capire.
Perché ti prendi cura di me,

e a volte metti la mia felicità davanti alla tua.
Perché stai sveglio
tutta la notte per me.
Perché sai che anche io farei lo stesso per te.
Perché sei sincero
anche quando sai che la sincerità mi farà male.

Ti voglio bene amico mio.
Perché siamo fratelli di vita,
e a volte essere fratelli di vita
conta di più che essere fratelli di sangue.

APNEA D'ANSIA

A volte mi capita di pensare così forte
da farmi venire il mal di testa.
Solitamente prendo l'Oki
e il mal di testa passa,
ma non riesco a smettere di pensare.
A volte mi capita di non riuscire a dormire
perché non trovo cosa sognare,
così accendo il cellulare
e mi addormento col display
che mi illumina la faccia.
A volte mi capita di voler scappare da tutto,
persino da casa.
Così esco e comincio a guidare
ma dopo aver ascoltato il cd che ho in macchina
due volte
mi accorgo di guidare senza una meta.
Stereo acceso, navigatore spento.
Uscito, per cercare una destinazione.

In genere rimetto il cd da capo
e inizio a cercarla
ma quasi sempre finisco la benzina
prima di averla trovata.
Così faccio il pieno,
e torno a casa.
A volte mi manca così tanto l'amore
che nelle discoteche mi fermo a guardare
le coppie che si baciano in mezzo alla pista.
Mi piace guardarle
immaginando che non sia stata la vodka lemon
a farli limonare,
ma i sentimenti.
Mi racconto che passeranno la notte insieme
e che una volta svegli si continueranno a baciare
e dalle discoteche il loro amore
passerà nei parchi la domenica pomeriggio.

Vorrei essere un respiro,
una boccata d'aria
alla fine di una corsa,
quella di sollievo,
quella che ti libera dall'ansia
e ti fa sentire leggero, positivo,
sollevato.

Sì, a volte vorrei questo,
respirare senza paura.
Quel momento non è ancora arrivato,
c'è ancora tanto da affrontare.
Ma fanculo, io vado avanti.

Insomma, tutto questo
per scrivere qualcosa.
Perché sì, a volte scrivo.
Quando lo faccio,
il mio cuore parla.
E la mia mente,
invece che pensare,
ascolta.

TIENIMI CON TE

Tenersi. Voce del verbo "tenere". Significa "afferrare qualcosa o qualcuno in modo da non farlo cadere, in modo da non farlo spostare, andare via".

Quando diciamo di "tenere a una persona"
è perché non vogliamo che quella persona
si sposti dalla nostra vita.
Perché vogliamo cercare
di non farla mai cadere nella sofferenza.

Tienimi con te.
Anche se non sono il migliore,
anche se sono imperfetto.
Tienimi anche quando sarò insopportabile.
Tu tienimi perché c'è un motivo.
Tienimi stretto
quando sto per crollare,
stringimi forte la mano
e tienimi tra le tue braccia, ogni volta.
Tu tienimi perché c'è un motivo.

Tienimi quando sbaglio,
quando crederò di non essere abbastanza forte,
abbastanza bravo.
Quando crederò di non essere abbastanza.
Tienimi perché c'è un motivo.
Tienimi quando il mondo farà schifo
e i cambiamenti faranno paura.
Tienimi perché c'è un motivo:
io farò lo stesso.
Ti terrò quando sarai paranoica,
ti terrò quando nel letto ti volterai dall'altra parte.
Ti terrò con me quando arriverà l'inverno della vita
e i giorni sembreranno noiosi e lunghi.
Ti terrò quando non sarai felice,
quando saremo meno attenti.
Ti terrò con me e basta. Perché c'è un motivo.
Ti terrò anche quando reagirai d'impulso,
anche quando sarai troppo nervosa per sorridere
o troppo arrabbiata per guardarmi negli occhi.
Ti terrò anche quando saremo distanti,
anche quando litigheremo.
Aspetterò qualche giorno
e se non mi cercherai, ti cercherò io.
Non lascerò parlare l'orgoglio:
l'orgoglio non è mai un ottimo consigliere.

Resisteremo
anche quando mi bruceranno gli occhi
e le delusioni ci feriranno.
Io ti tengo e resto.
Perché c'è un motivo.
So che tu farai lo stesso.
Come se fossimo sempre belli.
Come se fossimo sempre giusti.
Perché se riusciremo a farlo,
nonostante tutto, ci terremo nella nostra vita.
Una vita che comunque andrà
sarà piena di amore.
Teniamoci tra le braccia, nei pensieri e nel cuore.
Teniamoci ovunque.
Perché tenersi è amarsi senza dirselo.

A.A.A. CERCASI AMORE

Piccoli gesti conducono ogni giorno
le persone a innamorarsi.
Per lo più piccoli dettagli,
piccoli istanti invisibili
che 99 volte su 100
passano inosservati.

Ieri mi sono chiesto per quanto tempo
si può rimanere senza innamorarsi.
Senza avere quella volta su cento
le farfalle che ti mandano a puttane lo stomaco.

Per quanto possiamo rimanere
in apnea d'amore?
Per quanto si può trattenere
il respiro dei sentimenti?
E quali sono le controindicazioni?

Cioè, ci sono degli effetti collaterali
a non innamorarsi per tanto tempo?

Tipo quel momento in cui ti convinci
che stai bene da solo
e che non vale la pena
sprecare il tempo per conoscere altre persone.
Forse essere single,
più che una situazione sentimentale,
dopo un po'
diventa un orientamento politico.
Innamorarsi, tutti ne abbiamo bisogno.
E se diciamo: "No, io sto bene anche senza"
ci stiamo raccontando una grande cazzata.
Spesso lo sbaglio che facciamo
è cercare una metà.
Io non voglio questo...
insomma, io non sono una mela!
E se non sbaglio in matematica
due metà fanno a malapena un intero.
Io sono una persona e voglio un'altra persona.
Un altro intero.
Voglio innamorarmi di una persona
più interessata che interessante.
Non voglio che abbia continuamente

gli occhi puntati sullo specchio
per mettersi il rossetto.
Tanto quello glielo farei sbavare
velocemente.
Voglio che abbia gli occhi su di me
e voglio innamorarmi di quegli occhi
e ritrovarmi 200 chiamate senza risposta
di altra gente
perché ho perso tutto il giorno a fissarla.
Sì, A.A.A. Cercasi amore
perché se non c'è manca a tutti,
e quando torna, non manca più a nessuno.

VOGLIO TE

Voglio te,
tutto il resto è una scusa.
Voglio te,
nessun altro, nessun'altra.
Cosa me ne faccio delle altre
quando ho te?

Voglio te perché quando mi stringi le mani
mi sento invincibile.
Perché riesci a farmi brillare
la più buia delle giornate
anche solo illuminando lo schermo del mio
    cellulare
con un tuo messaggio.
Voglio te perché quando ti sorrido
tu mi sorridi
e dentro vivo.

Voglio te perché capisci tutto
senza chiedermi niente.
Perché posso parlarti
senza aprire bocca.
Voglio te perché le ore sono minuti
quando siamo insieme
e i minuti sono giorni interi
quando non ci sei.
Voglio te perché fai la differenza
nella mia vita.
Voglio te perché se mi chiedi come sto
e non rispondo
dopo qualche minuto
mi chiedi ancora come sto.
Voglio te perché amo vederti ridere.
Perché amo quando fingi di offenderti
solo per attirare l'attenzione,
e vuoi in realtà che ti chieda scusa.
Voglio te perché quando siamo vicini
e io sento il tuo profumo,
chiudo gli occhi
e non mi faccio sfuggire niente di te.
Voglio te perché rispetti me
e la mia libertà,
senza trascurarmi mai.

Voglio te perché anche quando non ti scrivo,
ti penso.
Voglio te perché quando sono nervoso
e mi abbracci
cambia tutto.
Voglio te perché è meglio litigare con te
che ridere con un'altra persona.
Voglio te perché mi sento al sicuro.
Perché con te è bello ballare
anche senza musica.
Perché con te è bello cantare
anche senza sapere la canzone.
Voglio te.
I tuoi baci, le tue carezze.
Voglio le tue labbra che mordono le mie,
i tuoi occhi che si perdono nei miei.
Voglio il tuo respiro sul mio collo,
le tue mani a scaldare il mio viso.
Voglio la tua testa sul mio petto.
Voglio te perché posso mandarti il buongiorno
senza la paura di disturbare
e la buonanotte
con la consapevolezza di farti sorridere.
Voglio che tu con me ti senta a casa
ovunque.

Amare te,
ubriacarmi di te,
piangere con te.
Voglio te perché per vivere il doppio
occorre essere almeno in due.
Voglio te perché tu mi fai vivere.

GUARDAMI NEGLI OCCHI

Guardami.
Guardami negli occhi.

Sai, certe volte riesco a vedere
cosa pensi
quando mi guardi.
Sì, certe volte lo sento,
gli occhi sanno gridare forte.
Gridano quello che la voce
non riesce neppure a sussurrare.
Guardami negli occhi.
Voglio che dentro ci trovi
quello che stavi cercando.
Voglio che tu riesca
a leggermi.
Come non riesce nessuno.
Non ho bisogno di qualche regalo in più.
Non voglio la colazione a letto

o una casa più bella.
No, voglio quello che non ho mai avuto.
Quello che nessuno
è mai riuscito a darmi.
Quello che nessuno
ha il coraggio di promettermi.
Non mi basta che tu abbia voglia di uscire,
voglio che tu abbia voglia di uscire con me.
Non mi basta che tu abbia bisogno di un abbraccio,
voglio che tu abbia bisogno di un mio abbraccio.
Voglio che tu mi faccia sentire importante,
anche quando di me non frega nemmeno a me stesso.
Voglio che non ti preoccupi
di come tu possa sembrarmi,
perché ti guarderò sempre
come la cosa più bella del mondo.
Voglio che con uno sguardo
tu riesca a comprendermi.
E voglio che tu lo faccia
senza giudicarmi mai troppo.
Voglio che mi porti
dove l'amore non fa più male.
Voglio che mi porti
dove, guardandomi dritto in questi occhi,
avrai il coraggio di dirmi

che indietro non ci vuoi più tornare.
Dove da quel momento in poi
l'unica cosa che conta
è tenersi stretti.
Sì, voglio solo questo.
Che tu mi tenga stretto.

Guardami negli occhi.
Dimmi che anche tu
hai voglia di tutto questo.
Perché l'amore lo crea chi,
anche dopo averti trovato,
continua a cercarti.

TORNA DA ME

Vorrei dirti una cosa.
Vorrei dirti che a volte ti penso.
Quando lo faccio
ritrovo la forza, sorrido.
Sì, a volte non riesco a farne a meno.
Altre volte invece non lo faccio apposta.
Mi torni in mente e sento tutta la tua mancanza.
Quelle volte vorrei riuscire a non farlo.
Quelle volte vorrei riuscire a non pensarti.
Vorrei riuscire a controllare la presenza
che hai ancora dentro di me.
E ti penso magari ricollegandoti
a un profumo,
un posto, un colore, una canzone
o qualcosa che facevamo insieme.
Oppure ti penso e basta,
senza motivo apparente.
Ti penso all'improvviso.
Come se mi rendessi conto

che c'era qualcuno
che mi conosceva meglio di me stesso.
In quei momenti vorrei dirti di tornare da me:
"Torna e dimmi che era solo un brutto incubo."
In quei momenti vorrei poterti cercare
in posti che non siano solo dentro la mia mente,
vorrei poterti parlare, starti accanto.
Vorrei chiederti cos'hai fatto
in tutto questo tempo,
come hai fatto senza di me.
Sai, non ho smesso di pensarti
e vorrei tanto dirtelo.
Vorrei scriverti di tornare da me.
Vorrei poterti urlare quanto mi manchi!
Mi piacerebbe riuscire a cercarti.
Ma non ne ho la forza.
Quindi ti dico solo che anche se non lo sai,
ti vivo ogni giorno.

CUORI INEXISTENTI

Mi chiedo perché non siamo insieme adesso.
Mi chiedo perché non siamo nella stessa stanza.
A stringerci nel letto. A dirci che ci amiamo.
Con gli occhi lucidi e i cuori che battono allo
    stesso tempo.
Mi chiedo perché non mi chiami per dirmi
che mi vuoi al posto del tuo cuscino.

Sai, ogni tanto mi capita ancora di vederti.
Quando chiudo gli occhi,
certe sere prima di dormire.
Ogni tanto ti sento ancora
passare tra le mie giornate.
A volte tiro fuori i tuoi vecchi orologi,
li guardo un po' e li pulisco.
Ma anche se volessi,
non riuscirei a metterli.
Gli armadi sono ancora pieni dei tuoi vestiti.
Nonna dice che non ha mai tempo di buttarli.
Ma io so che non è vero:
è perché non vuole.
Una volta l'ho vista accarezzare
un tuo maglione:
ci aveva messo il tuo profumo sopra.
A volte vorrei poterti incontrare di nuovo
anche solo per cinque minuti,
e ne avrei di cose da dirti.

Non mi basterebbero cinque minuti,
ma se li avessi me li farei bastare.
Ti direi che mi manchi,
che ci manchi,
e anche se Natale è bello lo stesso
senza di te a tavola si sorride un po' meno.
Ti direi che sto meglio,
che nonostante tutto me la cavo
anche se non è facile crescere
senza i tuoi consigli.
Ti direi che stanno tutti bene.
Selly sta diventando una donna
e mamma è sempre più bella,
ogni giorno che passa.
Ti direi questo, ti direi grazie.
Grazie per quello che mi hai dato
e mi stai ancora dando.
Perché, anche se fanno tutti finta di niente,
anche se fanno finta che non ci sei più,
io lo so che sei ancora qui con me.
So che in quelle giornate in cui tutto
mi crolla addosso
sei tu a darmi la forza,
sei tu a farmi resistere i dieci secondi in più,
sei tu a non farmi mollare la presa.

E lo so, lo so che ci sei,
lo so che non mi hai mai lasciato,
lo so che mi proteggi.
So che se anche sbaglio in tante cose
non sbaglio a guardare il cielo e dirti grazie
quando torno a sorridere.
Sì, se solo potessi rivederti anche solo
per cinque minuti
ti direi grazie:
grazie per vivere ancora in me;
e anche se quei cinque minuti non ce li dà nessuno
queste cose te le dico lo stesso
perché so che in un modo o nell'altro
le sentirai.

LE PAROLE CHE
NON TI HO MAI DETTO

Forse non lo sai,
ma ci sono tante cose che non ti ho mai detto.
Ora provo a scriverti una lettera.
Così magari, tra tutte quelle cose,
riesco a fartene capire qualcuna.
E magari quando ti sentirai triste
potrai rileggerla, sentirti meno sola.

Volevo dirti che so di non essere
il fratello migliore del mondo,
so che avrei potuto essere più presente,
più paziente, più affettuoso, più tante cose.
So che avrei dovuto essere meno egoista,
meno presuntuoso, meno tante cose.
So che avremmo potuto non litigare
nei giorni in cui eravamo tutti insieme,
e approfittare di quei momenti in cui la famiglia
   era riunita.

So che ogni tanto avevi bisogno di qualcuno
quando mamma non ti capiva
e tu stavi male.
Ti chiedo scusa per non esserci stato.

So che non è stato facile quando papà
ha fatto altre scelte,
e so che quelle scelte un po'
ci hanno diviso,
diviso dentro.
Ma so anche che lo hai accettato,
e che alla fine sai quanto papà ci voglia bene.

E ti chiedo scusa perché so
che non dev'essere stato semplice
quando il nonno ci ha lasciato
e rimanevi tu a dormire con mamma.
Avrei dovuto esserci di più.
Avrei dovuto restare sveglio con voi.

So che quando hai visto nonna piangere
tremavi dentro.
E ti chiedo scusa per non averti abbracciato
più forte.
Avrei voluto essere un fratello migliore.

Avrei voluto essere quello che ti serviva.
Pensarci io a te.

E ti chiedo scusa se non l'ho saputo fare.

Scusa se ho avuto paura.
Scusa se mi sono perso troppe volte
a rincorrere la mia vita
senza fermarmi a stringere la tua.

Avrei dovuto abbracciarti più forte
quando mamma stava male e in ospedale eri da
    sola.
So che era difficile chiamarmi per dire come stava
    andando.
So che c'era freddo
quando dovevi essere tu a prenderti cura di lei.
E ti chiedo scusa per non averlo capito prima,
quando dovevo capirlo.

Ma so anche che sei una Donna
di quelle vere.
Di quelle che anche se hanno paura,
trovano la forza di affrontare qualsiasi ostacolo.
E sono orgoglioso di questo.

Sì, sono orgoglioso di essere tuo fratello.
Mi dispiace di sacrificarmi troppo spesso
per cose che non valgono quanto te.
Ma ti prometto che un giorno tornerò a esserci.
Tornerò a darti tutto me stesso.
Ti prometto che tornerò a essere presente.
Prometto che sarò un fratello migliore.
Ti prometto che ne sarà valsa la pena
e ci riprenderemo quello che abbiamo perso.
Ti prometto che ti aiuterò a essere felice come
    meriti.

Volevo dirti che anche nei giorni in cui non ci vediamo,
nelle settimane in cui non ci scambiamo nemmeno
    una parola,
io ti penso.
Anzi, è più che pensarti,
è un sentirti.
Ti sento dentro di me,
come fossimo metà che girano per il mondo.
Che non sono mai davvero separate.
È strano da spiegare,
ma so che per te è la stessa cosa.
So che anche se a volte litighiamo,
nulla ci potrà mai dividere

da questo sentirci dentro.
Magari in ritardo, magari controvoglia.
Ma ci sono e ci sarò.
E sempre in modo migliore.
Perché sai che nonostante tutti i miei difetti
e le nostre incomprensioni,
io ti voglio bene.
Ti amo perché sei parte di me.
Ti amo perché noi avremo sempre il coraggio
di dirci quello che pensiamo.
Ti voglio bene perché noi ci cerchiamo
anche quando non abbiamo bisogno
l'uno dell'altra.
Ti voglio bene
perché essere tuo fratello
a volte è meglio che essere
un supereroe.

RICORDATI
DI ESSERE FELICE

Cos'è la felicità?

La felicità è in tante cose.

La felicità è quando sorridi
e non te ne accorgi.
È la tua canzone preferita
che capita casualmente in radio.
È un caffè con un'amica.
È un incontro imprevisto
che diventa una passeggiata.
È qualcuno che guardandoti capisce tutto,
senza che tu gli abbia detto niente.
È un abbraccio affettuoso
che arriva alle tue spalle.
È un messaggio inaspettato
al momento giusto.

È avere cinque minuti di tempo
per riguardare vecchie foto sul cellulare.
È ritrovare un profumo che ti piace
e non sentivi da tempo.
Sono i baci sul collo,
le carezze sulle mani,
i baci rubati.
È dividersi un panino a fine serata.

La felicità è in tante cose.
Nelle più piccole e semplici della nostra vita.
E non si può trovare,
dobbiamo crearla.

Sì, la felicità non va cercata, trovata…
La felicità va creata.
È un modo di vedere le cose,
di affrontare la vita senza averne paura.
La felicità non ce l'ha chi possiede tutto,
ma chi sa apprezzare ciò che ha,
ciò che vive.

Prima di litigare, respira.
Prima di parlare, ascolta.
Prima di criticare gli altri,

critica te stesso.
Prima di arrenderti, prova.
E prima di essere triste, sorridi.
Non chiederti
se ci saranno le opportunità giuste,
creale.
Non domandarti se domani pioverà:
oggi c'è il sole, è questo che conta.
Goditi ogni istante.
Ogni emozione.
Sono queste le nostre dosi di felicità.

Chiudi gli occhi e ascolta il tuo respiro.
La senti…
Non è questa la felicità?

Se qualcosa è stato bello o ti piace,
devi trovare il coraggio di dirlo.
Se qualcuno ti ha dato un bacio
e da quel momento non fai che pensarci,
devi trovare il coraggio di dirglielo.
Se qualcuno fa illuminare lo schermo del tuo
    cellulare nel momento sbagliato,
rispondigli lo stesso.
L'attenzione è una forma d'amore,

raccoglila.
Se vuoi chiamare qualcuno che ti manca,
chiamalo subito.
Se vuoi fare l'amore di': "Ho voglia di te".
Con i "vaffanculo" non si risolve niente.
Con l'arroganza le cose peggiorano.
Niente è più rivoluzionario
e potente
della dolcezza.
Quando vuoi abbracciare qualcuno,
fallo.
Quando vuoi arrabbiarti,
fallo,
ma non diventare mai cattivo
solo perché qualcuno lo è stato con te.
Mai.
Fai quello che ti rende felice.
Vivi, divertiti
e non tornare mai a casa
con il rimpianto di non aver fatto qualcosa.
Ricordati di essere Felice.
Niente è più forte della Felicità.

Per essere felici basta eliminare due cose:
il ricordo di una sofferenza passata

e la paura di una futura.
La prima non ci riguarda più
e la seconda non ci riguarda ancora.

Quando ti senti triste,
ricordati di essere Felice.

NON ARRENDERTI MAI

Non è giusto smettere di credere all'amore
solo perché una relazione ci ha deluso.
Non è giusto smettere di sognare
solo perché un sogno non si è realizzato.
Smettere di provarci
perché i tentativi sono falliti.
È stupido non aprirsi più all'amicizia
solo perché una non è andata
nel verso giusto.
Non fidarsi più delle persone
solo perché una ci ha tradito.
Arrendersi alla sofferenza
buttando via le opportunità di essere felici.

Ci provi e sbagli.
Ci riprovi e sbagli di nuovo.
Funziona così

finché o vinci o ti arrendi.
E il vero sbaglio
è quando smetti di provare.

Le persone che si arrendono
non sono deboli,
sono semplicemente stanche.
Sei stanco.
Con la mente consumata,
il cuore a pezzi
e i tentativi falliti
che fanno più rumore
dei tuoi pensieri.
Il fallimento non dovrebbe mai parlare.
Non dovrebbe mai avere l'ultima parola.
Devi continuare a lottare
per ciò che vuoi.
Non accettare mai un no come risposta.
Non farti soffocare mai dalle ansie.
Non mollare mai.
Continua a sbagliare e a rialzarti.
Quando un sogno muore
dobbiamo costruirne un altro.
A volte basta poco,
bastano cinque minuti di coraggio.

Solo altri cinque minuti
in cui smettiamo di dubitare
di noi stessi,
cinque minuti
in cui non pensiamo
a ciò che abbiamo sbagliato,
ma solo a quello che potremmo fare di giusto.
Buttandoci in avanti,
senza guardare indietro.
Provare ancora,
fallire e perdonarsi sempre.
Questo è il segreto
per non mollare mai.

Certo, non è facile.
Spesso il dolore ti trova disarmato.
E quando ti colpisce
non sai che fare se non chiederti:
"Perché proprio a me?"
Un "perché" che non troverà mai una risposta.
Non fartene una colpa
e non rispondere al dolore con altro dolore,
altrimenti non ti curerai mai.
Ma accetta quel dolore e superalo.
Pensa che senza di esso

non apprezzerai le cose più belle.
E non mollare.
Pensa al motivo per cui hai resistito
così a lungo.
E tira fuori cinque minuti di coraggio.

LA SERA

Mi manchi.
A volte sono felice, altre triste.
Ma quando mi manchi il cuore non lo sento.
Quando mi manchi gli occhi soffocano,
si muovono lenti e non mettono a fuoco niente.
Vorrei non piangere ma non ci riesco.
Vorrei scriverti ma non posso.
Lo stomaco brucia senza scaldare nulla.
Vorrei perdere i ricordi.
Vorrei perdermi.

UNA BUONANOTTE
PER TUTTI

Buonanotte.
Sì, stasera voglio darti la buonanotte.
A te, a me, e a chi magari una buonanotte
non la riceve mai.
Sì, stasera ne ho bisogno.
E spero che serva a qualcuno.
Alla peggio servirà solo a me.
Una volta bastava mio nonno
con la ninna nanna,
ma da quando non c'è più
mi devo accontentare.
Quindi buonanotte a me,
a mio nonno
e a tutte quelle persone
che si addormentano guardando qualcuno
che ci sorride dal cielo.
Non ci facciamo caso quasi mai,
ma da lassù ci salvano spesso la vita.

Buonanotte a chi si addormenterà sereno
e a chi invece anche stanotte si perderà
tra lacrime e pensieri.
Buonanotte a chi ha avuto una giornata fantastica
e a chi invece si è visto crollare il mondo addosso.
Buonanotte a chi oggi ha vinto tutto,
e a chi invece ha sperato, lottato, tirato fuori le unghie...
ma ha comunque perso.
Domani è un altro giorno, andrà meglio.
Buonanotte a chi stanotte ha fatto l'amore
e si addormenterà tra le braccia di qualcuno,
e buonanotte a chi invece le braccia di qualcuno
con cui dormire le sta aspettando da così tanto tempo,
che ormai ha perso la speranza.
Domattina ritrovala:
l'amore arriva quando meno te lo aspetti.
Buonanotte a chi passerà la notte davanti al cellulare,
aspettando un messaggio.
Buonanotte a chi dorme da solo
ed è felice così.
Buonanotte a chi dorme su un comodo letto:
dai, alla fine siamo fortunati.
E a chi invece dormirà sotto un ponte
o tra le sporche strade di una città.
Buonanotte a chi non andrà a dormire

perché deve studiare,
tra ansia e paura che domattina
arrivi troppo presto.
Rilassati, ce la puoi fare,
hanno inventato il caffè per questo.
Buonanotte a chi passerà la notte a lavorare,
pulendo le strade o salvando vite.
Grazie.
Buonanotte agli amici, quelli veri,
che non ti abbandonano mai,
anche quando non riesci a dormire.
Buonanotte ai codardi,
ai "lo faccio per te", ai "ci sentiamo domani"...
Buonanotte a chi ha deposto i sogni nel cassetto,
a chi è caduto ma ha avuto occhi diversi.
Buonanotte a questa notte,
a chi sta cercando qualcosa in più
e a chi sta aspettando.
A chi non vuole occhi diversi.
A chi non ci riesce,
a chi ci prova ma è dura,
a chi soffre in silenzio,
a chi non riesce a camminare,
a chi è stato lasciato,
a chi ha il cuore spezzato.

Buonanotte,
che poi questa notte di buono non ha nulla.
Ma se pensiamo che in fondo il mondo è grande
e siamo in tanti,
con mille problemi diversi,
almeno ci sentiamo meno soli.
Buonanotte
a chi trova sempre una soluzione alle cose,
a chi vuole vincere, a chi ride
anche se vorrebbe piangere.
Buonanotte a chi vive.
Buonanotte a tutti,
ma soprattutto a noi, che, comunque vada,
domattina troveremo il coraggio
di alzarci col sorriso.

PREGA PER ME

Ci siamo persi, lo so.
Siamo lontani ormai.
Ma è solo un fatto di tempo
e di spazio.
Perché in realtà dentro di me
ci sei ancora.
Come una collana che indossi sempre
e a poco a poco tenerla addosso
diventa un'abitudine.
Un'abitudine così forte
che la porti con te
anche quando ti dimentichi
di mettertela al collo.
Sì, continui a esserci,
anche se il mondo non ti vede.
Dentro di me ti tengo stretta forte,
anche se non posso più averti al mio fianco.
Anzi, in realtà proprio per questo ti stringo

ancora più forte.
Tengo stretto il tuo profumo
che respiravo a pieni polmoni
ogni volta che ci abbracciavamo.
Tengo stretti i tuoi consigli.
Ora vi do molto più valore, sai?
E ti chiedo scusa
se prima non li apprezzavo
nel giusto modo,
ma in fondo i consigli hanno effetto
col tempo, no?
O forse sono solo io che imparo lentamente.

E tengo stretto il tempo
che mi hai dedicato.
Non sai quanto vorrei potertelo gridare,
non sai quanto vorrei urlarti grazie,
non sai quanto vorrei dirti
che la vera superstar,
il vero supereroe della mia vita
sei stata tu.
Non sai quanto vorrei poterti chiedere
di cucinarmi qualcosa
o di accompagnarmi da qualche parte,
anche solo per fare due passi.

Vorrei chiederti qualcosa di semplice.
Perché sono le piccole attenzioni
che mi dedicavi che ora mi mancano di più.
Mi dispiace di aver capito solo ora
il valore di quegli straordinari atti d'amore
che mi davi.
Vorrei poterti chiedere scusa,
per i miei comportamenti,
per non aver creduto in te
quando avrei dovuto.
Per averti dato colpe che non avevi,
per averti trattato male
quando volevi solo darmi del bene.
Ti chiedo scusa per non averti apprezzato
come meritavi.
Sì, meritavi di più. Da me e da tutti.
Meritavi di meglio.

E so anche che ora dedicarti queste parole
non cambierà nulla,
come non cambierà la distanza
che ormai ogni giorno ci separa
in modo così silenzioso e forte.
Ma so che mi hai perdonato.
E so che quando torni da me

lo fai per darmi la forza.
Lo fai per capire se va tutto bene.
Be', oggi non va tutto bene.

Oggi voglio chiederti di darmi una mano,
Sai, quando si soffoca,
l'unica cosa che si può cercare
è un po' di speranza.
Per questo ovunque tu sia
ti chiedo una mano.

So di non essere una persona troppo intelligente,
e non sono neanche troppo bravo
a fingere.
Non sono un bugiardo
e non sono bravo a mentire.
Ma so anche che in questo mondo
le bugie aiutano a stare bene,
almeno in apparenza,
almeno per fare soldi.
Questo mondo è pieno di rumore,
menzogne e avidità.
Ed è vuoto di amore,
felicità e poesia.
Per questo ti chiedo di pregare per me.

Per me e per quelle poche persone che mi sono
   rimaste
davvero vicine.
Prega per questi poveri di portafoglio
ma ricchi di cuore.
Prega per me e per chi hai lasciato senza salutare.
Dammi la forza per smettere di sopravvivere
e iniziare a vivere.
Dammi la forza per tenerti stretto
e lottare.
Dammi la forza per essere felice
senza quello di cui vogliono farmi avere bisogno.
E se qualcosa non va,
tu dammi sempre la forza
per andare avanti.

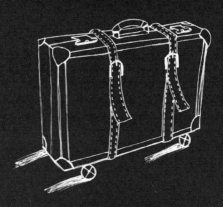

VORREI VIVERE COME VOGLIO

Dicono che volere è potere.
E io dico che allora
voglio tante cose.
Ora come ora per esempio ho fame,
e vorrei mangiare hot dog,
patatine fritte e nutella.
Quanto mi pare,
ma che non facciano ingrassare.
Anzi, vorrei che mi mettessero in forma.
Vorrei che per viaggiare
non si dovessero pagare biglietti.
Libertà di spostarsi, cambiare,
scoprire.
Vorrei andare in vacanza, subito.
Ma senza preoccuparmi
di incastrare gli impegni
e i gusti degli amici.

Vorrei prendere un biglietto
e dire: "Chi c'è, c'è",
come i bambini quando finiscono la conta
giocando a nascondino.
Vorrei andare alle Hawaii
e lavorare come barista
in un chiosco sulla spiaggia.
Oppure andare a Londra
e lavorare in una piccola libreria
che vende libri che non conosce nessuno.
Voglio andare lì
e voglio che un'attrice famosa
s'innamori di me
subito dopo aver comprato un libro,
come capita a Hugh Grant in Notting Hill.
Vorrei saper spegnere il cervello
ogni volta che vengo tormentato
da mille preoccupazioni
per trovare la forza di andare avanti.
A volte vorrei anche poter tornare bambino
e avere Disneyland come asilo
e Hogwarts come scuola.
Vorrei poter cambiare classe
se i miei compagni sono degli stronzi
ed essere promosso col massimo dei voti

anche se fossi antipatico ai professori.
Vorrei metterci cinque minuti
a fare shopping;
anzi, vorrei che si potesse pagare
con un semplice grazie
senza dover mai aprire il portafogli.
Vorrei che fosse imposto per legge
il messaggio del buongiorno
quando ci si sveglia da soli.
Vorrei non aver mai bisogno
di chi non ha mai bisogno di me
e dimenticarmi subito di chi mi fa soffrire.
Vorrei avere il coraggio di scriverle:
"Ora sono felice e non grazie a te"
subito dopo aver voltato pagina.
Vorrei che mi bastasse mangiare
le lasagne della nonna
per far passare tutto:
problemi di cuore,
mal di gola e febbre,
e multe del parcheggio comprese.
Vorrei qualcuno che mi abbracciasse
sempre
anche quando dico che voglio restare da solo.
Vorrei imparare a far suonare

il telefono di chi mi manca
e la chitarra per chi ha bisogno di musica.
Vorrei innamorarmi d'estate
con passeggiate mano nella mano
lungo la spiaggia
e baci rubati sotto le stelle.
Vorrei avere il coraggio di dire
che non mi piace un regalo
quando lo scarto e rimango deluso,
ma senza offendere nessuno.
Vorrei non aver paura di dire
tutto quello che penso, in ogni situazione.
Vorrei che ogni litigata con una ragazza
finisse in un bacio
e ogni litigata con un amico
con una birra.
Vorrei quella pace nel mondo
che vogliono tutte le Miss Italia,
e il diritto di avere un'infanzia felice per tutti i
    bambini.
Insomma, vorrei troppe cose, lo so:
alcune non sono neanche realizzabili
e molte non sono poi così importanti.
E per tutto il resto...
be', per tutto il resto non basterebbero

neanche mille Mastercard.
Insomma, dicono che volere è potere,
e io dico che voglio fare tante cose.
Ma la verità è che per poterle fare,
il più delle volte, il volere non basta.

Ma dobbiamo avere il coraggio di lottare
per ciò che vogliamo,
perché fanculo, siamo nati
senza domandarlo
e moriremo senza desiderarlo,
quindi almeno dobbiamo avere il coraggio
di vivere come vogliamo.

LA LISTA DELL'AMORE

Ami davvero la persona giusta?

Se mentre leggi questi punti come fossero un elenco, riesci a riconoscere nella tua mente il volto di una persona che ti sta a cuore, significa che stai amando chi ti ama.

Se invece non riesci a identificare chi stai amando in almeno la metà di questi punti, forse dovresti trovare il coraggio di lasciar perdere certe persone. E prenderti più cura di te.

1. Stai con chi in un mondo di proposte, davanti a infinite possibilità, ha sempre scelto te.

2. Stai amando chi senza nessun dubbio, nessun piano B, è di te che si è innamorato.

3. Stai amando chi quando si sveglia al mattino pensa a te e prima che ti addormenti ti scrive sempre la buonanotte.

4. Stai amando chi combatterà per starti accanto ogni giorno. Stai con chi lotterà per te anche nei momenti difficili, con chi non s'accontenterà mai del tuo silenzio, ma te ne verrà sempre a chiedere il motivo.

5. Non stai amando chi ti ha regalato una parte del suo tempo, no, stai con chi ti ha messo al centro della sua vita, e quando ti porterà nei suoi luoghi preferiti non lo farà per far colpo su di te, ma perché vorrà vedere un sorriso sul tuo volto.

6. Stai amando chi non ti ha messo su un piedistallo, ma ti vede e ti ama per ciò che sei.

7. Non stai con lui per noia, solitudine o una qualsiasi altra ragione, ma perché ami il vostro stare insieme.

8. Ami una persona che si impegnerà sempre a dimostrarti quanto conti per lui. Non ci saranno motivi di confusione, pochi i fraintendimenti e rare le zone grigie. La sua presenza è talmente forte che non hai neanche il tempo di pensare che ti manca. Né la voglia di guardarti indietro.

9. Stai con qualcuno che lotterà per essere tuo pari. Il tuo compagno di battaglia, il tuo partner e il tuo migliore

amico. Si batterà per te anche quando ti convincerai che non meriti di stare con lui. Meriterà il tuo affetto, il tuo impegno e persino l'attesa.

10. In sua compagnia la vita è una grande avventura.

Se hai immaginato la persona che ami in questo elenco, non c'è dubbio, stai con quella giusta.
Se hai dei dubbi rileggi i punti.
Se invece non identifichi la tua persona, cerca altrove, prima o poi incontrerai quella giusta. Ma fino ad allora, non ti accontentare di niente di meno.

CHIEDITI SCUSA

Abbiamo la mania di scusarci per tutto.
"Non sto bene, scusa, non posso uscire, scusa."
"Scusa, non volevo dirlo!"
"Scusa se non sono d'aiuto."
"Scusa. Non posso scappare
e prendere il treno per raggiungerti!"
"Scusa se non ti ho mandato nessun messaggio."
"Scusa se mi manchi."
Chiediamo sempre scusa a tutti
ma dimentichiamo
continuamente
di chiedere scusa a noi stessi.
Dovremmo farlo ogni tanto...

Scusa per tutte le volte
che non sei stata te stessa
per paura di deludere persone

che non ti hanno mai voluto davvero.
Scusa perché a volte non ti sei amata affatto.
Persa nelle paranoie,
senza trovare il coraggio di buttarle via.
Dovresti chiederti scusa.
Per tutte le volte che ti sei data colpe
che non avevi.
Per non esserti sentita abbastanza
importante, intelligente,
speciale.
Chiediti scusa per esserti sentita brutta.
Non lo sei mai stata.
Chiediti scusa per esserti detta
di non essere in grado di fare qualcosa.
Per aver dato amore attenzione e fiducia
a chi se n'è fregato.
Chiediti scusa per tutte le volte
che hai avuto paura di addormentarti,
perché avevi paura di svegliarti
e iniziare un'altra giornata,
un'altra guerra.

Per tutte quelle volte che hai nascosto
le lacrime dietro i tuoi capelli
o tra le dita.

Per tutte le volte
che ti sei fatta lasciare in disparte.
Per tutte le volte
che hai dato importanza
a chi ti ha criticato senza conoscerti.
Per tutte le volte che ti sei fatta rubare la luce,
il sorriso, la speranza.
Per tutte le volte che hai messo qualcuno
che se non lo meritava
davanti al tuo amor proprio.

Provo amarezza per chi a un bacio
dà il valore di una stretta di mano.
Mi delude chi guarda solo il pacchetto
e mai il contenuto.
Mi dispiace per chi dice a una donna
che è stupenda solo per portarla nel suo letto.

I momenti tristi arrivano
per mettere alla prova il nostro cuore.

Quanto più ti arrampichi
per non annegare,
più ti senti ferma
nello stesso punto.

Eppure c'è sempre un motivo
per andare avanti.
Sei tu il più valido dei motivi.
Tu, più di chiunque altro.
Chiediti scusa per tutte le volte
che hai dimenticato di essere felice.

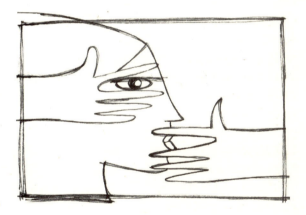

MUSICA COME ARIA

Ma alla domanda: "Di cosa avresti bisogno per vivere?"
voi cosa rispondereste?
Aria. Ok, respirare.
Cibo. Ok, quando avete fame è essenziale.
Acqua? Ok, siamo fatti per l'80% di acqua, quindi...
Aria cibo e acqua: ora siamo vivi.
Tempo fa lessi una poesia che diceva
che per vivere occorre uno sforzo
di gran lunga maggiore
del semplice fatto di respirare.
In realtà la domanda è proprio questa:
"Di cosa avresti bisogno per vivere?"
Ora farò una metafora del cazzo
ma forse riuscirò a farmi capire.
Immaginiamo che la vita
sia un vassoio da McDonald's
e vivere un Happy Meal.

Quali sono gli ingredienti che vorreste?
Be', personalmente vorrei da bere amicizia,
e vorrei un'infinità di bicchieri
per non brindare mai da solo.
Da mangiare vorrei amore,
per sfamare le farfalle nello stomaco.
Sesso e passione al posto delle salse.
E ora manca solo una cosa,
forse è la meno importante
ma è quella che dà senso al menu:
la musica.
La musica è come il regalino a sorpresa.
Anzi la musica è il regalo:
la musica può diventare una sorpresa
oppure un sollievo,
una salvezza.
Insomma: la musica è veramente importante.
E altrettanto importante è che il suo volume
sia sempre più alto
di tutti i nostri problemi.

LA FORMULA DELL'AMORE

In inglese si dice "Fall in love",
cadere in amore.
Perché innamorarsi significa abbandonarsi,
lasciarsi andare,
precipitare.
Buttarsi nel vuoto sperando che l'altra persona
sia così pazza da raccoglierti
prima che ti veda schiantarti a terra.
Solitamente non puoi prevedere di innamorarti,
capita e basta.
Non c'è un meteo per l'amore,
il più delle volte ti prende in contropiede,
un giorno qualunque,
quando meno te lo aspettavi.
In realtà le storie più belle nascono
senza troppe pretese.
All'inizio tu non hai bisogno di lei
e lei non ne ha di te.
Non avete bisogno l'uno dell'altra.

Ma a poco a poco iniziate a scegliervi.
E da poco a spesso,
fino a scegliervi ogni giorno.
È proprio in quel momento che inizia tutto.
È proprio in quel momento che oltrepassi
il punto di non ritorno, e inizi a buttarti.
Continuamente.
Insomma, è facile innamorarsi la prima volta,
e lo è anche la seconda,
ma è quando inizi a innamorarti
tutti i giorni della stessa persona
che cambiano le cose.
È lì che comincia l'amore.
Non c'è una formula per questa emozione.
Ma se ci fosse sarebbe questa:
innamorarsi tutti i giorni della stessa persona.
E non intendo innamorarsi delle cose comuni,
quelle che si possono amare in tutti,
quelle in superficie.
Intendo innamorarsi del profondo,
di tutte quelle cose che vanno oltre
il rossetto, i vestiti.
Innamorarsi della sua espressione di dolcezza
quando si perde nei tuoi occhi.
Innamorarsi di quando è felice

e ha voglia di ridere o scherzare.
Senza stancarsi mai di ascoltarla.
Innamorarsi anche e soprattutto
nei momenti no, nei momenti tristi.
Innamorarsi di un sorriso spento
e provare a riaccenderlo.
Innamorarsi quando ci si confida,
quando si dà sfogo ai ricordi
che hanno lasciato ferite aperte.
Ferite che nessuno ha ancora curato.
E non stancarsi mai di prendersi cura di lei.
Innamorarsi di qualcuno che ci voglia.
Innamorarsi delle debolezze,
delle reciproche fragilità.
Innamorarsi di qualcuno che non ci faccia
semplicemente accettare la realtà.
Innamorarsi di qualcuno che ce la renda stupenda.
Ogni giorno.
Innamorarsi senza condizioni.
Abbracciandosi troppo
e ascoltandosi sempre.
Innamorarsi della pazienza,
perché porterà sempre felicità.
Si imparano a mettere virgole
dove prima si mettevano punti.

E lo capisci che sei innamorato,
anche se non vuoi ammetterlo.
Ti accorgi che mentre sei con gli altri
ti manca lei,
ma quando sei con lei
non ti manca niente.
E allora inizi a scegliere.
Scegli di non essere solo.
Scegli di buttarti con lei.
E per restare insieme basterà questo.
Non essere vicini,
non essere bellissimi,
perfetti o super intelligenti.
No, per restare insieme bisogna semplicemente
innamorarsi ogni giorno, di nuovo.
Ogni giorno.

GRAZIE DI ESISTERE

Grazie.
È una parola comunemente usata
per esprimere a qualcuno
la propria gratitudine.
Pronunciarla ha l'effetto di valorizzare
anche il gesto più semplice.
Quando diciamo "grazie"
restituiamo verso qualcuno
gentilezza e riconoscenza.
Spesso è l'equivalente di un sorriso.

Stasera voglio dirti grazie.
Non per qualcosa di particolare, no;
oggi voglio dedicarti un "grazie"
in generale.
Forse è solo un grazie in più,
forse vale per tutte le volte

che mi sono dimenticato di dirtelo,
forse è il grazie che aspettavi,
o forse non lo so.
L'unica cosa che so
è che stasera voglio dirtelo.
Parto dal grazie più concreto:
grazie perché, nonostante tutto,
resti.
Grazie per tutte le volte che hai insistito,
anche se non volevo ascoltarti.
Sì, grazie per essere sempre rimasta.
Anche quelle volte in cui ti ho urlato in faccia
di lasciarmi in pace.
Grazie perché sai sempre quando cercarmi
e grazie per aver imparato che ci sono momenti
in cui non devi farlo.
Grazie per tutti i consigli di vita che mi hai dato.
E grazie per continuare sempre a darmeli,
anche se il più delle volte
finisco per fare
quello che mi pare.
Grazie perché in quei momenti
stai al mio fianco,
anche se sbaglio.

Grazie per tutte le volte che ti sei fatta prendere in
    giro.
Grazie per non essertela mai presa,
anche quando ho esagerato.

Grazie per tutte le volte in cui mi hai dato
un motivo per sorridere,
anche nei momenti in cui avevo solo voglia di
    piangere.
Grazie per tutte le volte che mi aiuti a rialzarmi
senza farmi mai sentire un peso.
Grazie per avermi insegnato a essere forte.
Grazie per tutte le volte in cui mi dai attenzione,
anche se non avresti tempo.
Sì, grazie per esserci
quando è il momento
e non quando hai un momento.
Questo fa la differenza.
Grazie per avermi fatto capire cos'è l'amore
e grazie perché continui a darmelo.
Grazie per amarmi.
E infine, l'ultimo grazie.
Grazie di esistere.

PROMEMORIA DI VITA
#3
TU O NESSUNO.

TI AMO

TUTTI I GIORNI

Ti devo dire una cosa.
Voglio che il mio amore
ti faccia sentire sicura e piena di te.
Tutti i giorni.
Voglio che quando mi hai accanto
tu ti senta in grado
di divorare il mondo.
E voglio che tu sappia
che lo divoreresti comunque,
anche da sola
(ma insieme è più bello).
Ti amo in quei giorni in cui sei dolce,
serena e piena di luce.
Mi fai sentire forte.
Ma ti amo anche in quei giorni in cui sei nervosa,
agitata e piena di tristezza.
In quei giorni devo affrontarti.

In quei giorni non devo sentirmi forte:
lo devo essere.
Ti amo nei giorni in cui mi dedichi
tutta la tua attenzione.
In quei momenti in cui mi riempi di sorprese,
di piccoli gesti.
Quei giorni in cui la tua risata mi contagia.
Quei giorni pieni di carezze e sorrisi.
Giorni pieni di sesso e amore.
Ma ti amo anche quando sei distratta
e passi la cena con gli occhi sul telefonino.
O in cui porti delle preoccupazioni sotto le coperte.
E sai, ti amo anche quei giorni in cui ti fai bella
con un vestito, con il trucco
o con un nuovo taglio di capelli.
Sì, ti amo quei giorni in cui ti fai bella per me,
per il mondo
o per te stessa;
ma ti amo anche quei giorni
in cui sei spettinata,
in cui ti sei appena alzata dal letto.
Ti amo quei giorni
in cui riesci a chiedermi scusa
anche se ho torto
e ti amo perché mi metti al primo posto:

l'amore si vede anche da questo.
L'amore vince quando non trasformi
un'incomprensione in una gara a chi ha più ragione.
Quando in una discussione cedi prima di litigare,
e non è debole chi cede,
ma forte e saggio;
perché gli amori che durano
sono quelli in cui di volta in volta
uno dei due riesce a fare un passo indietro.
Perché in quel modo l'amore resta
un passo avanti.
Insomma, come puoi vedere,
ci sono giorni in cui ti amo,
e altri pure.
Quello che ti volevo dire
è che ti amo tutti i giorni.

HO BISOGNO DI TE

In questo momento nel mondo
ci sono 7 miliardi e 469 milioni di persone.
C'è chi sta mangiando
chi fa l'amore
chi sta lavorando
chi studia.
C'è chi dorme.
Qualcuno ha paura,
qualcuno sta piangendo.
Altri ridono.
Tutti che lottano per superare la giornata,
tutti che cercano qualcosa.
C'è chi cerca l'amore,
chi un amico,
chi fa finta di non cercare nulla
e chi semplicemente vorrebbe un po' di vita in più.
Ci sono le persone che ti stanno simpatiche
perché apprezzi la loro ironia

e la loro spontaneità.
Ci sono quelle che detesti
perché vorresti si comportassero diversamente.
Quelle su cui hai messo una croce sopra
perché ti hanno deluso nel profondo.
Ci sono quelle che stimi
perché sono intelligenti
coraggiose o belle.
Quelle che ti affascinano
per come si muovono
o per la magia che racchiudono negli occhi.
Ci sono quelle con cui perdi tempo
e quelle con cui invece perdi il senso del tempo.
Insomma, siamo in tanti,
sette miliardi di persone,
sette miliardi di anime,
ma il più delle volte te ne serve
solo una.
Quella di cui hai bisogno.
E sì, puoi cercare ovunque,
puoi trovare di tutto,
ma alla fine la vita ti avvicinerà
a quella persona
di cui avevi davvero bisogno.
Quella che ti illumina,

quella che ti fa sentire
la persona più importante del mondo
semplicemente stringendoti le mani.
Quella a cui pensi
quando in macchina guardi fuori dal finestrino
e il tuo sguardo si perde nelle nuvole.
Quella persona che piuttosto che deluderti
si farebbe del male.
Quella persona per cui esserci
è una reciproca necessità.
Quella persona che quando soffri
viene a strapparti il dolore con le sue mani.
Perché non ci pensa minimamente
a lasciarti solo.
Quella persona con cui puoi permetterti
di essere debole.
Non le trovi facilmente le persone
che ti scelgono per come sei.
Quelle che arrivano sempre in tempo.
Quelle che hanno bisogno di cercarti.
Quelle che se rispondi "niente"
alla domanda "cosa c'è"
continuano a chiedertelo.
Quelle persone che, se le trovi,
devi tenertele strette.

E le altre, se ti lasciano, amen.
In fondo la vita non si programma: si vive.
E chi non rimane al tuo fianco
è perché non ha saputo tenere il tuo passo.
Scegli sempre chi di te fa una preferenza
e non un'alternativa.
Scegli sempre le persone
che per te
sono ciò che nessuno è stato mai.

NON SO DOVE
MA INSIEME

Mi hanno detto che se rinuncio a te
mi danno il mondo.
Ma che me ne faccio del mondo
se con un tuo sorriso ho l'universo?

Sono tanti i motivi per cui sto bene da solo.
Ma ovviamente sono di più i motivi
per cui con te sto meglio.

Non ho mai creduto troppo
nella ricerca della propria metà.
Non credo nell'amare chi ci completa.
No, penso sia meglio completarsi da soli,
così poi quando ci si ama l'insieme vale il doppio:
due interi che si uniscono per vivere.
Due gocce d'acqua che si uniscono
per diventare un oceano.

Questa è la magia.
E certo, dicono che gli opposti si attraggono,
ma i simili?
Facile, i simili si amano.

Ed è per questo che io voglio stare insieme a te.
Oggi più di ieri e meno di domani.
Sempre di più. Sempre meglio.

Anche se sarà difficile
e anche se lo è stato.
A volte sarà difficile amarti,
a volte già lo è stato.

E non importa cosa,
perché cercheremo il modo di farlo insieme.
E non importa dove,
perché troveremo il modo di andarci insieme.
E non importa quando,
perché troveremo sempre un tempo
per stare insieme.
Questo è l'amore.
Trovarsi sempre,
indipendentemente dal come e dal quando.
E anche senza sapere

come sarà il domani,
sai che ci sarà qualcuno pronto ad affrontarlo
con te.

Perché cominciare è bello,
ma la vera magia
arriva col proseguire,
col non fermarsi.
Sì, la vera magia sta nel continuare
a ripetere la parola "insieme".
Ripeterla così tante volte
da metterla accanto alla parola "sempre".
E moltiplicarle: "Insieme per sempre".

VIVERE SENZA DI TE

NON È CHE NON RIESCO
A VIVERE SENZA DI
TE,
È CHE NON MI PIACE.
SAREBBE COME GUIDARE
UNA MACCHINA SENZA
VOLANTE.
POTREI COMUNQUE
SALIRCI, MA NON
ANDREI DOVE VOGLIO.

PERCHÉ VOGLIO LEI?

Voglio lei perché lei è un'altra cosa.
È diversa anche se non lo dice.
Lei dimostra senza promettere.
Voglio lei perché ha una corazza durissima,
perché non si lascia avvicinare da chiunque,
né sorride a tutti,
ma le brillano gli occhi
quando la fai emozionare.
Voglio lei perché non mi nasconde
i suoi difetti,
anzi mi assicura di averne
più di quanti ne conosce.
Voglio lei,
perché nonostante tutti gli ostacoli
che deve affrontare,
a lei piace farmi sorridere.
Sì, a lei piace riuscire a cambiare il verso

delle mie labbra
e illuminare di felicità il mio volto.

Voglio lei perché davanti a lei
non mi vergogno nemmeno di piangere.
Voglio lei perché non c'è nulla di più intimo
che piangere davanti a un'altra persona.
Significa essere nudi nell'anima.

Voglio lei perché nei suoi occhi
vedo la vita.
Vedo un'iride di felicità e futuro.
Voglio lei perché vederla felice
mi rende felice.
Una felicità al quadrato.
Voglio lei perché il suo profumo
per me è passione e sicurezza.
Voglio lei
perché parlare tutto il giorno
e tutta la notte
non basta mai.
Voglio lei perché anche quando è buffa
riesce a conquistarmi.
Voglio lei perché riesce a scherzare sempre,
ma senza scordare mai

di essere seria nei momenti giusti.
Voglio lei perché la amo molto più
di quello che a parole potrei mai esprimere.

Voglio lei perché riesce a farmi amare.
E l'amore è l'unica cosa al mondo
che rende una persona necessaria.
Voglio lei perché per me è necessaria.

PROMEMORIA DI VITA
#4

SE AMI CON L'ANIMA
IL CUORE TI RIMANE
MARCHIATO.
PER SEMPRE.

«Ti voglio bene. #poesie»
di Francesco Sole
I Miti
Mondadori Libri

Questo volume è stato stampato
presso ELCOGRAF S.p.A.
Stabilimento - Cles (TN)
Stampato in Italia. Printed in Italy